유튜버 주간컴공 지마&참깨의

프리패스 파이썬

처음 배우는 프로그래밍!

손코딩 예제 수록!
99% 압도적인 긍정평가!
기초공부를 마친 뒤에도, 추가 학습영상 지원!

지마, 참깨 편저

▶ YouTube 저자직강 무료동영상 강의

https://cafe.naver.com/weekcom   NAVER 카페 주간컴공 ▼ Q 검색

Preface

수많은 콘텐츠를 공부할 수 있는 기반이 되는

이 책은 프로그래밍을 처음 배우는 분들을 위한, 파이썬을 처음 배우는 분들을 위한 책입니다. 말 그대로 이해와 실습을 위한 책이기 때문에 문제가 많지 않습니다. 그렇지만 이 책의 독자분들은 좀 더 많은, 다양한 공부를 할 수 있습니다.

1. 반드시 직접 실습하세요!

이 책의 모든 코드는 결과를 공개하지 않습니다. 개발 툴을 사용하면 코딩에 많은 도움을 받을 수 있기 때문에 실습에 그리 오랜 시간이 걸리지 않습니다. 파이썬은 프로그래밍 언어이기 때문에 많이 실습해봐야 실력이 상승합니다. 그대로 보고 베껴서 적는 것보다는, 이해를 바탕으로 문제를 푸는 느낌으로 실습해보는 것이 좋습니다.

2. 혹시 이해가 어렵거나, 실습을 할 수 있는 상황이 안된다면 대충 보고 넘기지 마시고 동영상 강의를 시청해 주세요!

모든 동영상 강의는 무료로 제공됩니다. 이 책의 내용뿐만 아니라 앞으로 추가될 학습 콘텐츠 역시 모두 동영상 강의로 제작됩니다.

3. 조금이라도 애매하거나, 궁금한 부분이 있다면 카페 커뮤니티를 통해 반드시 해결하고 넘어가세요!

독자 인증을 하시면 좀 더 빠른 피드백을 받을 수 있습니다. 카페에서는 커뮤니티 기능뿐만 아니라 예제 파일 및 다른 여러 가지 교육정보를 확인할 수 있습니다.

4. 이 얇은 책의 시리즈 명이 프리패스인 이유는, 카페와 유튜브의 수많은 콘텐츠를 공부할 수 있는 기반이 되는 기초개념을 담았기 때문입니다!

책을 보고 끝이 아니라, 책을 통해 기초를 다지고, 그것을 통해 GUI, DB, WEB 등의 수많은 가지로 뻗어나가는 파이썬 활용 강의를 무료로 이용할 수 있기 때문입니다.

Special Thanks

이 책의 가치를 가장 먼저 알아봐 주신 최진만 더 배움 대표님!
네모반듯한 책에 부드러움과 따뜻함을 입혀주신 참깨님!
집필에 지쳐가는 저의 멘탈을 잡아주는 우리 고양이들!
그리고, 제가 교육의 열정을 꺼뜨리지 않고 끊임없이 불태울 수 있도록 저와 함께 배움의 열정을 보여주신 4000여 명의 온·오프라인 수강생 여러분들에게 감사드립니다.

저자 지 마(jima)

Preview

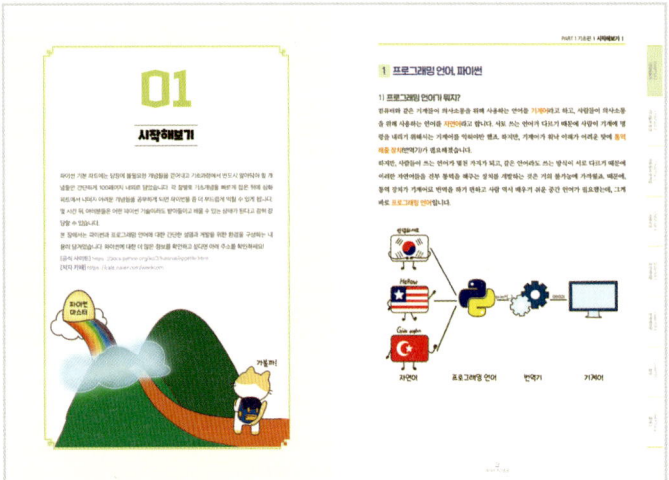

기초편

이해와 실습을 위주로 좀 더 많은, 다양한 공부를 할 수 있도록 구성되었습니다.

기초튼튼! 실력향상!

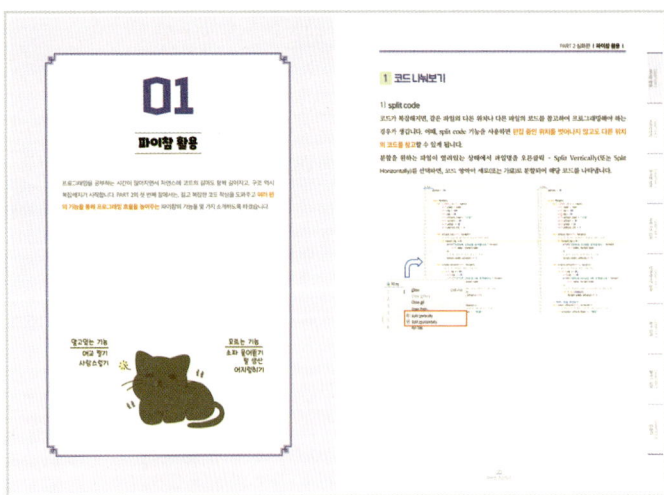

심화편

기초를 다진 후 수많은 콘텐츠를 공부할 수 있는 튼튼한 기반을 다질 수 있습니다.

동영상강의와 함께라면 든든리~

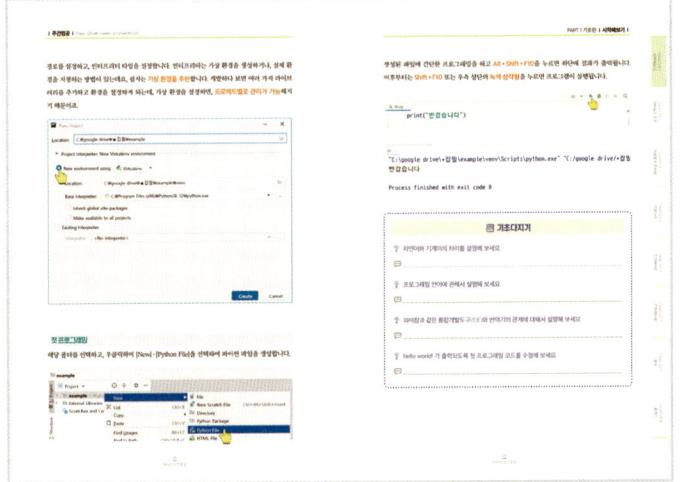

기초다지기

코드결과를 공개하지 않아 직접 실습해보며 실력을 키우는 방식으로 실력 향상에 도움을 드립니다.

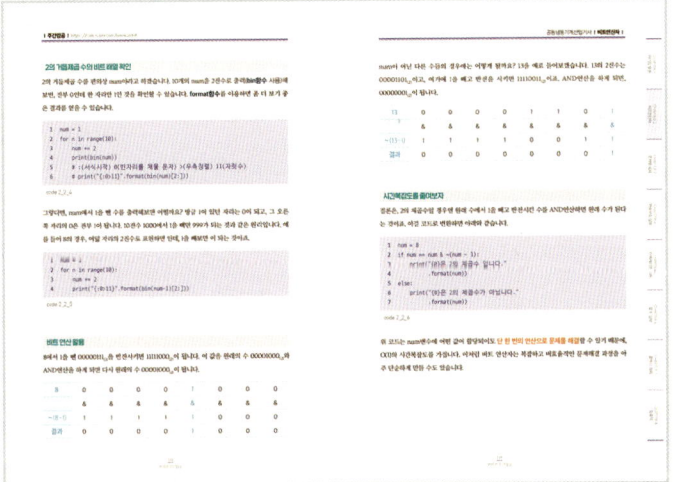

다양한 실습

다양한 예제를 통해 충분히 실습하며 카페 커뮤니티의 빠른 피드백을 통해 막힘없이 소통할 수 있습니다.

Contents(기초)

CHAPTER 01
시작해보기 · 14
프로그래밍 언어, 파이썬 • 15
개발환경 구성 • 17

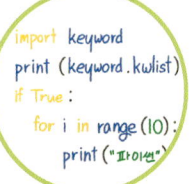

CHAPTER 02
리터럴(Literal)과 토큰(Token) · · · · · · · · · · 30
리터럴 - 상수를 표현하는 규격 • 31
그 외 토큰들 • 36

CHAPTER 03
자료형과 문자열 · 44
변수 • 45
연산자 • 49
문자열 다루기 • 53

CHAPTER 04
자료구조 · 62
List • 63
Tuple • 70
Range • 72
Dictionary • 73

CHAPTER 05
조건제어문 ········· 80

input() • 81
비교/논리 연산자 • 82
If • 84

CHAPTER 06
반복제어문 ········· 92

For • 93
While • 100
20번째 소수 구하기 • 103

CHAPTER 07
함수 ········· 110

표준 라이브러리 • 111
함수 • 113

CHAPTER 08
클래스 ········· 122

클래스 정의와 객체 생성 • 123
메소드 정의와 호출 • 124
클래스 실습 • 129

Contents (심화)

CHAPTER 01
파이참 활용 ········ 138
코드 나눠보기 • 139
코드 작성을 편리하게 • 142
기타 유용한 기능 • 145

CHAPTER 02
비트연산자 ········ 150
비트 연산 • 151
시간복잡도 해결 • 155

CHAPTER 03
문자열 심화 ········ 164
수정 및 변환 • 165
검색 • 168
확인 • 170
문자변형 • 172
정렬 • 173

CHAPTER 04
자료구조 심화 ········ 178
집합 • 179
컴프리헨션 • 183
언패킹 • 184
컬렉션 • 185

CHAPTER 05
반복제어문 심화 · 196

로또번호 생성 프로그램 • 197
별 문자 그리기 • 205
구구단 출력하기 • 211

CHAPTER 06
함수 심화 · 218

상세설명달기 • 219
매개변수 활용 • 222
람다 표현식 • 225

CHAPTER 07
클래스 심화 · 230

클래스 변수와 인스턴스 변수 • 231
캡슐(은닉)화 • 233

CHAPTER 08
입출력 · 244

패키지&모듈관리 • 245
파일입출력 • 248
예외처리 • 256

HOW TO?

파이썬 강좌&커뮤니티 이용방법

교재인증
VIP카페등업 인증란

카페 닉네임 기재란

 도서 구매 후 카페(https://cafe.naver.com/weekcom)에 가입 합니다!

 [VIP카페등업 인증란]에 카페 닉네임을 기재합니다!

 촬영 후 [VIP등업 게시판]에 업로드합니다!

등업 후 파이썬 무료강좌와 강사님과 소통가능한 커뮤니티 이용 및 학습자료 다운이 가능합니다!

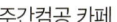

주간컴공 카페　　주간컴공 유튜브채널

PART I

- 시작해보기
- 리터럴(Literal)과 토큰(Token)
- 자료형과 문자열

01

시작해보기

01
시작해보기

파이썬 기본 파트에는 당장에 불필요한 개념들을 걸어내고 기초과정에서 반드시 알아둬야 할 개념들만 간단하게 100페이지 내외로 담았습니다. 각 장별로 기초개념을 빠르게 잡은 뒤에 심화 파트에서 나머지 어려운 개념들을 공부하게 되면 파이썬을 좀 더 부드럽게 익힐 수 있게 됩니다. 몇 시간 뒤, 여러분들은 어떤 파이썬 기술이라도 받아들이고 배울 수 있는 상태가 된다고 감히 장담할 수 있습니다.

본 장에서는 파이썬과 프로그래밍 언어에 대한 간단한 설명과 개발을 위한 환경을 구성하는 내용이 담겨있습니다. 파이썬에 대한 더 많은 정보를 확인하고 싶다면 아래 주소를 확인하세요!

[공식 사이트] https://docs.python.org/ko/3/tutorial/appetite.html
[저자 카페] https://cafe.naver.com/weekcom

1 프로그래밍 언어, 파이썬

1) 프로그래밍 언어가 뭐지?

컴퓨터와 같은 기계들이 의사소통을 위해 사용하는 언어를 **기계어**라고 하고, 사람들이 의사소통을 위해 사용하는 언어를 **자연어**라고 합니다. 서로 쓰는 언어가 다르기 때문에 사람이 기계에 명령을 내리기 위해서는 기계어를 익혀야만 했죠. 하지만, 기계어가 워낙 이해가 어려운 탓에 **통역해줄 장치**(번역기)가 필요해졌습니다.

하지만, 사람들이 쓰는 언어가 몇천 가지가 되고, 같은 언어라도 쓰는 방식이 서로 다르기 때문에 이러한 자연어들을 전부 통역을 해주는 장치를 개발하는 것은 거의 불가능에 가까웠죠. 때문에, 통역 장치가 기계어로 번역을 하기 편하고 사람 역시 배우기 쉬운 중간 언어가 필요했는데, 그게 바로 **프로그래밍 언어**입니다.

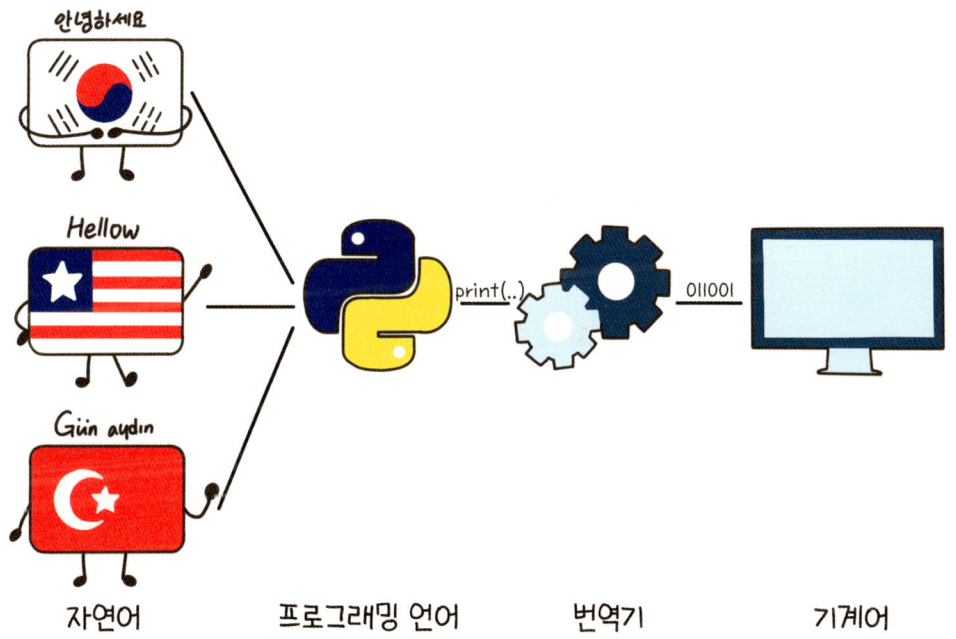

2) 왜 파이썬을 배울까?

프로그래밍 언어도 종류가 다양합니다. 상대적으로 빠르고 강력한 성능의 언어들도 있고, 배우기 편한 언어들도 있고, 더욱 다양한 기능을 지원하는 언어들도 있죠. 이 중, 파이썬은 상대적으로 강력한 언어는 아니지만, 상당히 **다양한 기능을 지원**하고, **배우기 매우 쉬운** 프로그래밍 언어입니다. 컴퓨터를 사용하다 보면, 자동화하고 싶은 작업이 생기게 됩니다. 단순히 폴더를 자동생성하거나, 파일명을 일괄변경하고, 또는 간단한 프로그램을 만들어 보고 싶을 수도 있죠. 대부분의 프로그래밍은 이렇게 간단하게 시작됩니다. 만약, C언어로 이러한 작업을 진행하게 된다면, 여러분들은 생각보다 다양한 지식을 얻어야 하고, 생각보다 빠르게 벽에 부딪히는 자신을 발견하게 될 겁니다.

2 개발환경 구성

1) 파이썬 설치

아래의 링크를 통해 파이썬 다운로드 사이트에 접속합니다. 설치과정은 매우 직관적이라 이미지만 참고해도 충분히 설치가 가능합니다. **실습환경은 64bit windows 10, 파이썬 3.8.X입니다.**

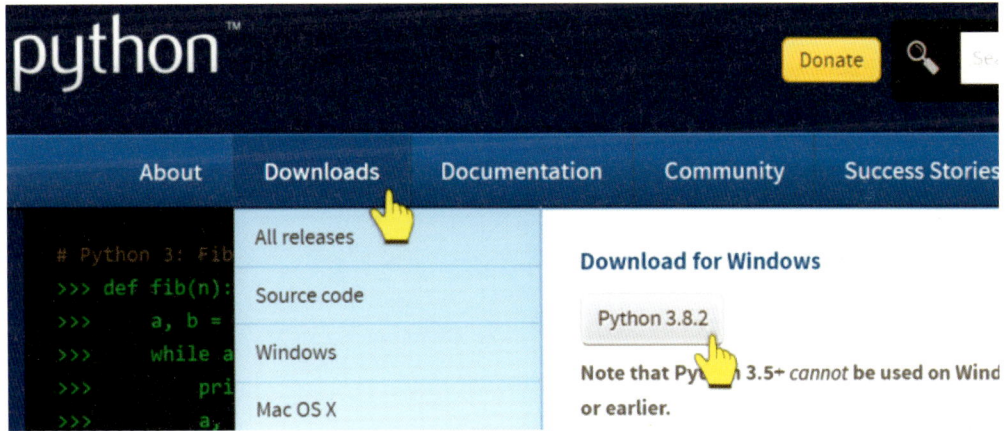

https://www.python.org/

PATH 설정

설치 옵션은 사용자의 입맛에 따라 선택이 가능하지만, 일단 필자가 추천하는 방법으로 설치를 진행해 보겠습니다. 'Add Python 3.8 to PATH' 항목을 체크하게 되면, 명령 프롬프트에서 **경로에 상관없이 파이썬을 실행**하기가 수월해집니다. 그리고 **설치 경로를 단축**하기 위해 'Customize installation'을 선택합니다.

설치 경로 단축

'Install for all users' 항목을 선택하게 되면, 파이썬 **설치 경로가 짧아지고 접근하기 쉬워**집니다. 여러 개발자와 함께 쓰는 경우라면 이 단계를 건너뛰도록 하세요!

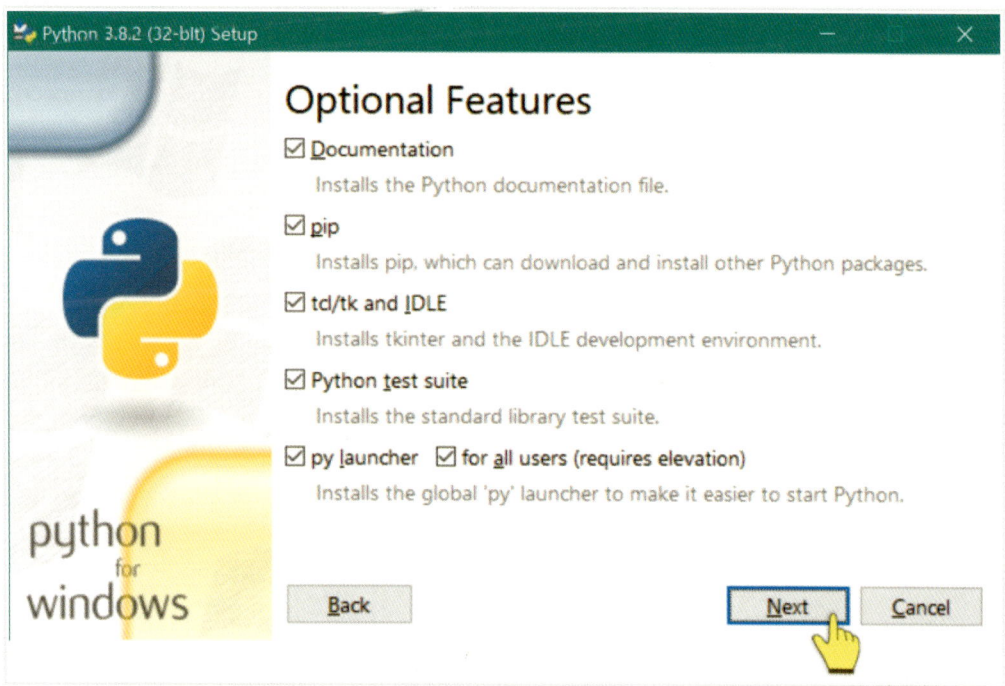

파이썬 인터프리터 실행하기

윈도우키+R키를 누르고, cmd를 입력하여 **명령 프롬프트**를 실행합니다.

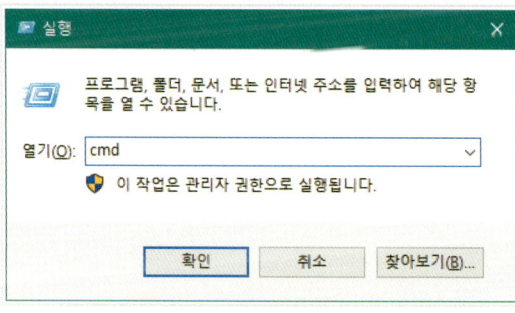

python을 입력하면 설치된 인터프리터의 버전과 라이선스 정보가 출력되고, 인터프리터가 대화형으로 실행됩니다. 여기서도 간단한 프로그래밍이 가능하지만, 여러 가지 이유로 작업이 번거롭죠. **프로그래밍을 편하게 하기 위한 개발 툴**을 설치해보겠습니다.

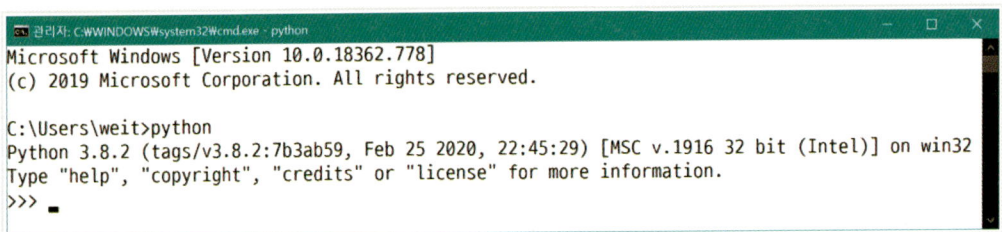

2) IDE Tool(PyCharm) 설치

단순 프로그래밍뿐 아니라, 개발자의 편의를 위해 **다양한 기능이 포함**된 개발 툴을 IDE도구라고 합니다. 이 중 가장 대중적인 개발 툴인 PyCharm(파이참)을 설치해보도록 해보죠. 핵심은 같기 때문에, 나중에 여러분들은 다른 개발 툴을 사용해도 됩니다. 아래의 링크를 통해 파이참 다운로드 사이트에 접근하여 설치 파일을 다운로드 하세요. Coummunity 버전으로 진행합니다.

https://www.jetbrains.com/ko-kr/pycharm/download/

설치 옵션 선택 (선택사항)

Update context menu : 폴더의 바로 가기 메뉴에 "폴더를 파이참 프로젝트로 열기" 메뉴를 추가합니다.

Create Associations : 파이썬 코드 파일을 파이참을 통해 실행하도록 합니다.

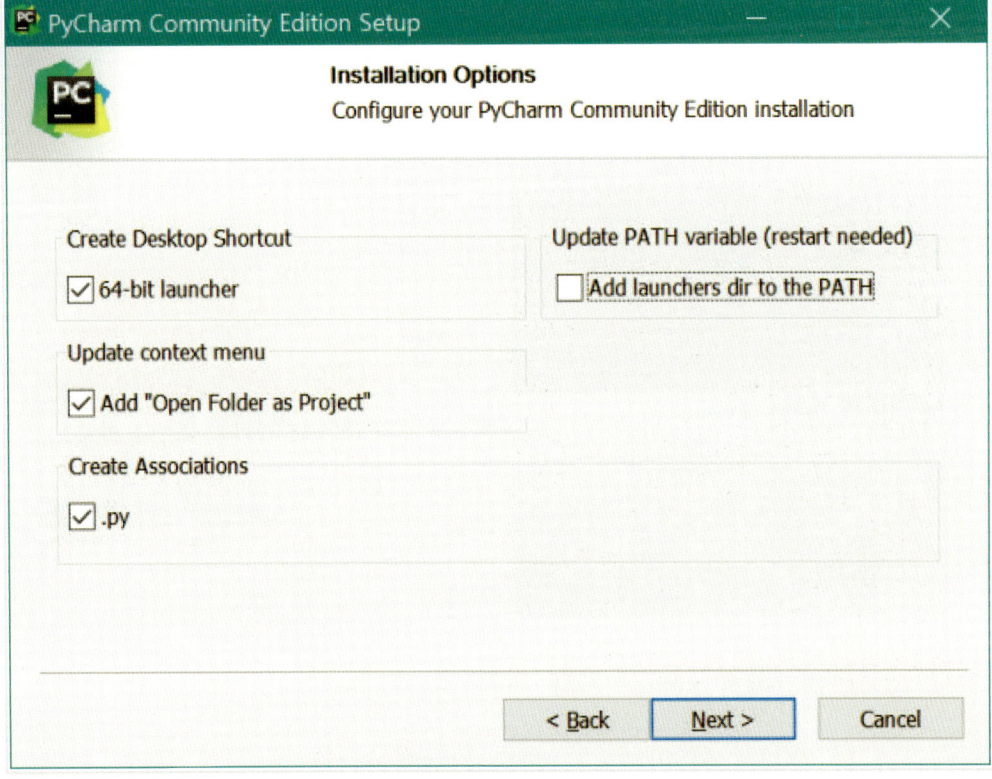

파이참 처음 실행하기

처음 파이참을 실행하면 UI 테마를 선택해야 합니다. 필자는 지면 사정상 밝은 테마를 선택했지만, 여러분들은 **눈 건강을 위해 어두운 테마를 선택**하기를 권장합니다.

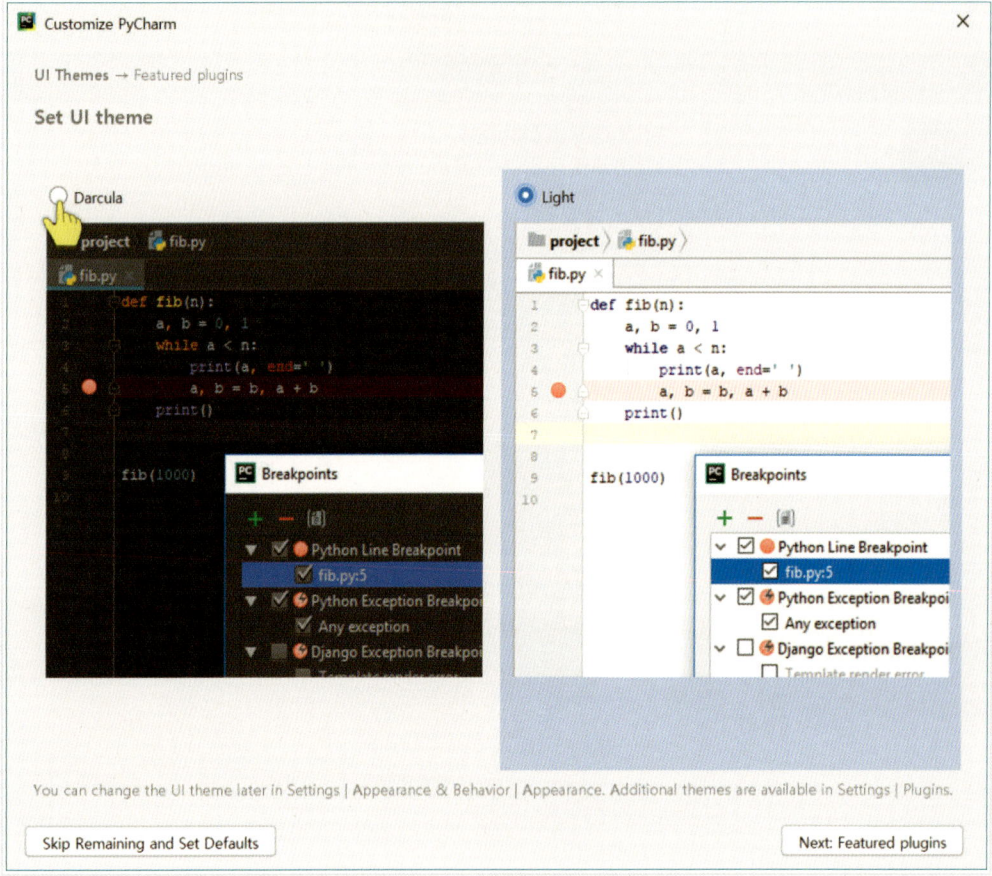

'Create New Project'를 선택하여 새로운 프로젝트를 생성합니다.

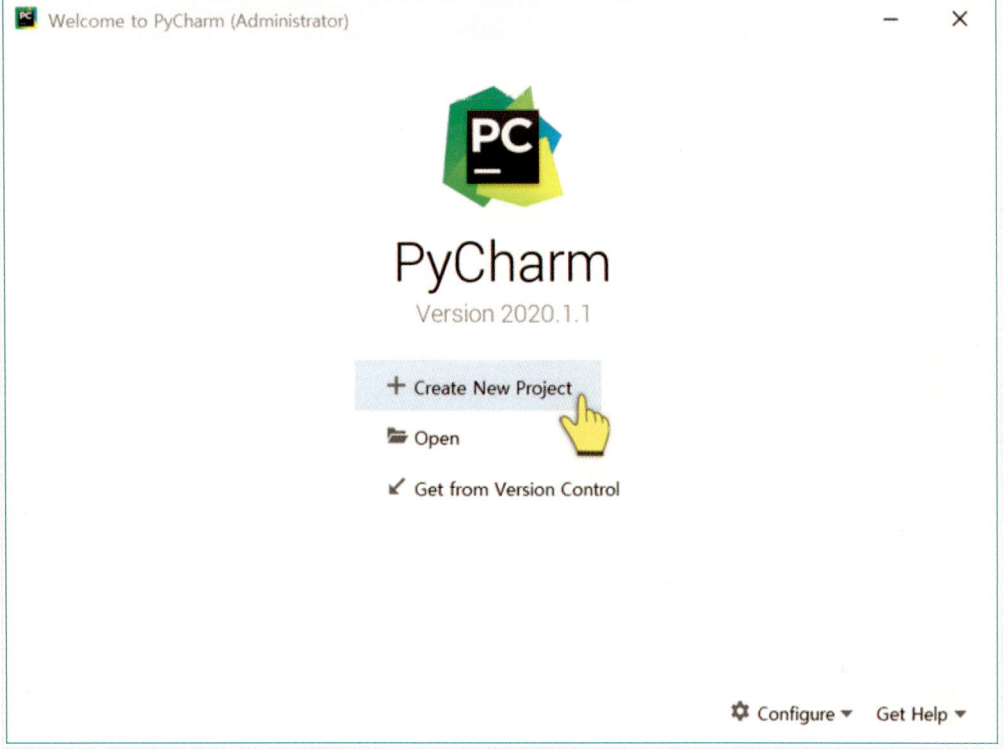

경로를 설정하고, 인터프리터 타입을 설정합니다. 인터프리터는 가상 환경을 생성하거나, 실제 환경을 지정하는 방법이 있는데요, 필자는 **가상 환경을 추천**합니다. 개발하다 보면 여러 가지 라이브러리를 추가하고 환경을 설정하게 되는데, 가상 환경을 설정하면, **프로젝트별로 관리가 가능**해지기 때문이죠.

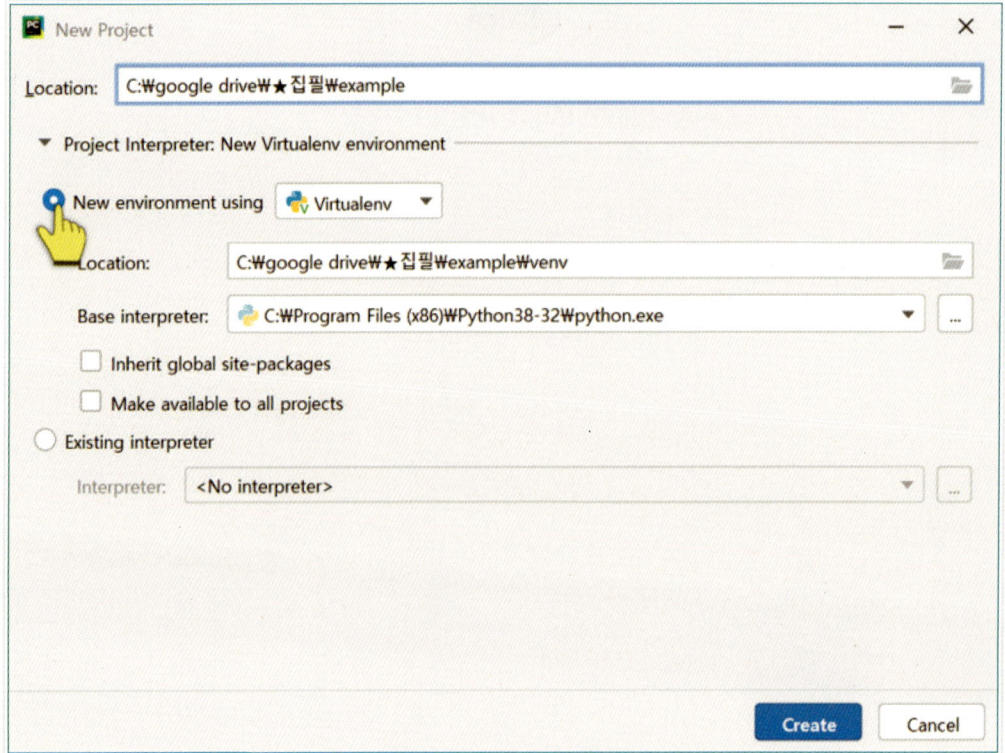

첫 프로그래밍

해당 폴더를 선택하고, 우클릭하여 [New] - [Python File]을 선택하여 파이썬 파일을 생성합니다.

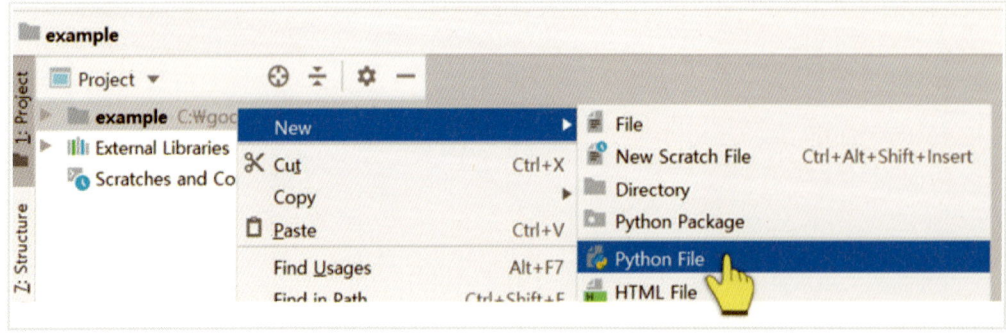

377-99-00302

공급자
북파트   홍정일

경기도 파주시 산남로 5-84 (산남동)

070-7778-5502   031-995-5948

			35,000	24,500	24,500	70
			30,000	21,000	21,000	70
		2	18,000	12,600	25,200	70

4
교보문고/물류

₩70,700

2024-04-25
2240425007   2404251113(홍정일)

교보문고(주) 홍정일

02-2076-0340   서울시 종로구 종로1가 1번지

70,700   (00000056) 1/1

1 스페라플러스   정보봉사개론[2023년/제7판]
2 스페라플러스   단권별기출1000제자료조직개론[2024]
3 더배움   프리패스파이썬

기업은행 010-3774-5502 홍정일(북파트) 감사합니다.

4
교보문고/물류

₩9,644,395
₩70,700
₩0
₩9,715,095

2024-04-25		공급받는자
2240425007	2404251113(홍정일)	

교보문고(주) 공장

377-99-00302

02-2076-0340   서울시 종로구 종로1가 1번지

	목파트	홍정일
	경기도 파주시 산남로 5-84 (산남동)	
070-7778-5502		031-995-5948

(00000056) 1/1

1	스페라플러스	정보북사계론[2023년/제7판]	1	35,000 24,500 24,500 70
2	스페라플러스	단원별기출 1000제 자료조직개론[2024]	1	30,000 21,000 21,000 70
3	더배움	프리패스파이썬	2	18,000 12,600 25,200 70

70,700

기업은행 010-3774-5502 홍정일(목파트) 감사합니다.

	4	₩70,700
		교보문고/물류

4	₩9,644,395
	₩70,700
	₩0
	₩9,715,095

생성된 파일에 간단한 프로그래밍을 하고 **Alt+Shift+F10**을 누르면 하단에 결과가 출력됩니다. 이후부터는 **Shift+F10** 또는 우측 상단의 **녹색 삼각형**을 누르면 프로그램이 실행됩니다.

```
00.py
1   print("반갑습니다")
2

00
"C:\google drive\★집필\example\venv\Scripts\python.exe" "C:/google drive/★집필
반갑습니다

Process finished with exit code 0
```

기초다지기

❓ 자연어와 기계어의 차이를 설명해 보세요.

💬 _____

❓ 프로그래밍 언어에 관해서 설명해 보세요.

💬 _____

❓ 파이참과 같은 통합개발도구(IDE)와 번역기의 관계에 대해서 설명해 보세요.

💬 _____

❓ hello world! 가 출력되도록 첫 프로그래밍 코드를 수정해 보세요.

💬 _____

MEMO

PART I

- 리터럴(Literal)과 토큰(Token)
- 자료형과 문자열
- 자료구조

02

리터럴(Literal)과 토큰(Token)

리터럴(Literal)과 토큰(Token)

파이썬뿐만 아니라, 프로그래밍 언어를 공부하면서 가장 많이 놓치는 것이 기초개념과 용어입니다. 파이썬 코드를 가장 작은 단위로 나눈 요소들을 **토큰**이라고 합니다. 이 토큰들의 역할을 정확히 파악하고 있어야 앞으로의 공부가 수월해집니다. 다행히도 대부분의 토큰은 우리가 어느 정도 알고 있거나, 이해하고 있지만 정확한 명칭을 모르는 것들이기 때문에 배우는 데 큰 무리는 없을 겁니다. 어느 공부에서나 기초가 탄탄해야 하니까요!

1 리터럴 – 상수를 표현하는 규격

상수라는 건, 쉽게 말해 우리가 표현하는 **일반적인 숫자나 문자**들입니다. 다시 말해서, 리터럴은 숫자나 문자를 표현하는 방법 정도로 풀이할 수 있겠죠. 아래에 필자가 적어둔 숫자 상수를 한번 소리 내 읽어보기 바랍니다.

137

대부분의 독자는 이 숫자를 "백삼십칠"이라고 읽었을 겁니다. 그 이유는, 우리가 수를 적거나, 읽거나, 계산을 할 때 등등… 뭐든지 **10진수의 형태로 표현**을 하기 때문이죠. 우리나라뿐 아니라 전 세계 거의 모든 사람이 10진수를 사용하기 때문에, 따로 10진수라고 알려주지 않아도, 아무런 문제 없이 숫자표현이 가능한 것입니다.

하지만, 컴퓨터는 다릅니다. **컴퓨터는 10진수뿐만 아니라, 2진수, 8진수, 16진수 등을 다룰 수 있고, 실수와 허수, 문자열도 등도 다룰 수 있습니다.** 그렇기에 우리는, 컴퓨터에 지금 내가 적고 있는 상수가 어떤 종류인지 알려줘야 할 필요가 있는 것이죠. 그때 사용되는 규격이 바로 **리터럴**입니다.

1) 정수(Int) 리터럴

앞서 이야기한 10진수, 16진수 등을 표현하는 규격이 정수 리터럴입니다. **print함수**를 이용해서 다양한 정수 리터럴을 표현해보죠. 함수 사용법은 어렵지 않습니다.

```
1   # 아래 코드를 입력하고 Shift + F10을 누른다
2   print(137)
```

code 1_2_1

숫자 외에 아무것도 입력하지 않는다면, 파이썬은 무조건 10진수라고 판단합니다. 그렇다면 다른 진수로 표현을 하기 위해서는 어떻게 해야 할까요? 우선, 이 상수가 10진수가 아니라는 것을 알 수 있도록 **숫자 '0'을 맨 앞에 적어주고, 그 뒤에 각 진수를 표현하는 이니셜**을 적어주면 됩니다.

```
1  # 10진수 표현
2  print(137)
3  # 8진수 표현:0o...
4  print(0o137)
5  # 16진수 표현:0x...
6  print(0x137)
7  # 2진수 표현:0b...
8  print(0b10010011)
```

code 1_2_2

출력된 결과를 보는 주체가 사람이기 때문에, 기본적으로 모든 정수는 10진수로 변환되어 보입니다. 다른 진법(진수와 같은 말)으로 출력하는 방법은 이후에 자세히 다루도록 하겠습니다. 많은 자릿수의 상수를 표현할 때는, 밑줄(_)을 사용하여 영역을 구분해 줄 수도 있는데, 물론 코드 입력의 편의성을 위한 것일 뿐, 결과가 달라지진 않습니다.

```
1  print(0b10010011)
2  print(0b1001_0011)
3  print(0b10_010_011)
```

code 1_2_3

2) 실수(Float) 리터럴

프로그래밍에서 실수(Floating Point Numbers)는 우리가 아는 수학에서의 실수(Real Numbers)와 의미가 다릅니다. 간단히 표현하자면, **소수점이 있는 상수를 표현하는 규격**이라고 할 수 있겠네요. **실수 리터럴은 10진수로만 표현**히기 때문에, 앞에 뭔가를 붙일 필요는 없습니다. 대신 지수법칙을 이용해서 표현하는 방법이 있는데, 이건 기초 단계에서는 잘 안 쓰는 표현이니 이 책에서는 다루지 않겠습니다.

```
1   print(3.14)
2   print(3.14_15_92)
3
4   # 잘 안쓰는 형식
5   print(10.)
6   print(.001)
7
8   # 거의 안쓰는 형식
9   print(1e100)
10  print(3.14e-10)
11  print(0e0)
```

code 1_2_4

3) 허수(Complex) 리터럴

허수는 그냥 숫자 리터럴의 마지막에 j를 붙여주면 됩니다. 허수 리터럴의 앞쪽에 정수 또는 실수를 더해주게 되면 복소수가 되는데, 그렇다고 복소수 리터럴이라고 부르진 않습니다. 그렇지만, 허수 리터럴의 앞쪽에 숫자를 더하지 않더라도, 파이썬은 0을 더한 **복소수 형태로** 값을 저장하죠. 정리하지면, **허수 리터럴은 복소수의 형태로 저장**됩니다.

```
1   print(3.14j)
2   print(2+0.23j)
```

code 1_2_5

type함수 활용하기!

내가 사용하는 리터럴을 파이썬이 어떤 타입으로 인지하고 사용하는지 정확히 확인하기 위해선 **type함수**를 사용하면 됩니다. 리터럴뿐 아니라 앞으로 배우게 되는 많은 요소의 타입을 확인할 수 있으니 꼭 기억해 두시기 바랍니다.

```
1   print(type(3.14j))
2   print(type(2+0.23j))
```
code 1_2_6

4) 문자열(Str) 리터럴

우리가 흔히 문장이라는 하는 것. **한 쌍의 큰따옴표 또는 작은따옴표 안에 문자를 나열**한 것을 문자열 리터럴이라고 합니다. **type함수**를 이용해서 정수 리터럴과 문자열 리터럴의 차이를 확인해 보세요.

```
1   print(type(123))
2   print(type("123"))
3   print(type('123'))
```
code 1_2_7

문자열 안에서 작은따옴표, 큰따옴표를 표현하는 방법은 크게 2가지가 있습니다.

```
1   # 서로 다른 따옴표를 사용하여 표현
2   print("내 이름은 '파이썬'입니다.")
3   print('내 이름은 "파이썬"입니다.')
4   
5   # 이스케이프 시퀀스(\)를 사용하여 표현
6   print('내 이름은 \'파이썬\'입니다.')
7   print("내 이름은 \"파이썬\"입니다.")
```
code 1_2_8

이스케이프 시퀀스(제어문자)

역 슬래시의 다음 문자는 **문자 외에 또 다른 기능**을 할 수 있게 되는데, 이를 **이스케이프 시퀀스**라고 합니다. 파이썬은 문자열 내의 문자들을 하나하나 출력하다가, 이스케이프 시퀀스를 만나면 잠시 출력을 멈추고 미리 약속된 작업을 진행한 뒤, 다시 출력을 시작합니다. 이스케이프 시퀀스는 상당히 많은 종류가 있지만, 자주 쓰이는 몇 가지만 소개하겠습니다.

이스케이프 시퀀스	약속된 작업
\\	역 슬래시 출력
\'	작은 따옴표 출력
\"	큰 따옴표 출력
\n	줄 바꿈(가장 많이 사용)
\t	가로 탭 문자 출력

문자열 리터럴은 문자열 객체로 저장이 되는데, 기능이 꽤 다양합니다. 본 챕터는 토큰의 개념을 다루는 챕터기 때문에, 문자열 관련 기능들은 이후에 자세하게 다루도록 하겠습니다. 지금은 아래의 코드 정도만 이해할 수 있으면 됩니다.

```
1  print("철수:안녕, 영희야? 너 영화 '알라딘' 봤어?")
2  print("채팅을 하려면 '엔터'키를 눌러 \"안녕하세요.\"라고 입력하세요.")
3  print("철수:\t300점\t불합격\n영희:\t1100점\t합격")
```

code 1_2_9

2 그 외 토큰들

1) 주석

주석은 앞서 코드에도 많이 사용했던 토큰입니다. 코드를 작성할 때, 이해를 돕거나 오류 해결을 위해 따로 **메모**해두어야 할 필요가 있을 때 사용하죠. 문장의 시작 부분에 '#'을 붙이면 해당 라인은 주석으로 처리되어 코드 진행에 **아무런 영향을 주지 않는 단순 텍스트**로 취급합니다.

```
1  # 주석은 이렇게 아무거나 써도 상관이 없다
2  # print(123+10) 주석처리 된 코드는 실행되지 않는다
3  print(123+10) # 코드 뒤에 적을 수 도 있다
```
code 1_2_10

주석은 프로그래밍에 반드시 필요한 요소는 아니지만, 적절한 주석들이 포함된 코드는 **가독성**이 높을 뿐만 아니라 코드 이해와 오류 해결에 적지 않은 도움을 준다는 점을 명심해야 합니다.

2) 식별자

앞으로 배우게 될 변수, 함수, 클래스 등의 요소를 서로 구분하기 위해서는 **이름**을 지정해 줘야 하는데, 이를 어려운 말로 식별자라고 합니다. **대소문자를 구분하고, 빈칸 대신 밑줄을 사용하며, 첫 글자가 숫자여 선 안됩니다.** 이 기준만 따른다면 한글도 식별자 지정이 가능하죠.

지정은 보통 2가지 이상의 단어 조합으로 지정하게 되는데, 보통의 경우 클래스는 각 단어의 **첫 글자를 대문자로 시작**하는 형태(CamelCase)로 지정하고, 변수와 **함수**는 **단어 사이에 밑줄을** 넣는 형태(snake_case)로 지정하는 것을 권장합니다. 반드시 지켜야 하는 것은 아니지만, 코드의 가독성을 위해 지켜주는 것이 좋겠죠?

3) 키워드

키워드는 파이썬이 **미리 정해둔 식별자**들을 의미합니다. 키워드에 따라 정해진 기능이 있기 때문에 키워드와 똑같은 이름은 식별자로 사용할 수 없어요. 종류가 꽤 많지만, 파이참을 사용하면 키워드만 별도의 글자색으로 안내해 주기 때문에 굳이 외울 필요는 없습니다.

```python
import keyword
print(keyword.kwlist)

if True:
    for i in range(10):
        print("파이썬")

```

식별자의 종류는 코드 입력으로 확인 가능합니다.

```python
import keyword # 아직 배우지 않은 문법
print(keyword.kwlist)
```

code 1_2_11

4) 연산자

좌, 우의 값을 연산하여 **새로운 값을 만들어내는 기호**들을 연산자라고 부릅니다. 연산자별 기능들은 나중에 자세히 살펴보도록 하고, 지금은 종류들만 확인해 보겠습니다.

```
1   +     -     *     **    /     //    %     @
2   <<    >>    &     |     ^     ~
3   <     >     <=    >=    ==    !=
4   +=    -=    *=    /=    //=   %=    @=
5   &=    |=    ^=    >>=   <<=   **=
```

code 1_2_12

5) 구분자

특정 영역이나 각 토큰을 **구분**하기 위한 기호들입니다. 역시 종류가 다양하지만, **괄호와 쉼표, 콜론(:)** 정도만 알고 있어도 일단은 충분합니다.

```
1   (       )       [       ]       {       }
2   ,       :       .       ;       @       =       ->
```

code 1_2_13

기초다지기

❓ 우리가 234를 '이백삼십사'라고 읽는 이유를 설명해 보세요.

💬 _____

❓ 8진수 455, 16진수 AF23, 2진수 10011101을 출력하여 각각의 10진수 값을 확인해 보세요.

💬 _____

❓ 수학에서의 실수와 프로그래밍에서의 실수의 차이를 설명해 보세요.

💬 _____

❓ 문자열을 표현하는 방법 중 잘못된 방법을 모두 고르세요.
  ① print("내 이름은 '파이썬'입니다.")
  ② print('내 이름은 '파이썬'입니다.')
  ③ print('내 이름은 "파이썬"입니다.')
  ④ print("내 이름은 "파이썬"입니다.")
  ⑤ print('내 이름은 \'파이썬\'입니다.')
  ⑥ print("내 이름은 \"파이썬\"입니다.")

💬 _____

? 한 번의 print함수와 이스케이프 시퀀스를 사용하여 다음 문장을 출력해 보세요.

```
비참한 삶에서 벗어날 수 있는 방법이 두 가지 있다.
그것은 '음악'과 '고양이'이다.
- 알버트 슈바이처
```

💬 _____

? 아래 코드의 토큰 중 연산자와 식별자, 리터럴의 개수를 파악해 보세요.

```
1  kor = 70
2  math = 86
3  eng = 92
4  # print(kor + math + eng) 보다는 아래처럼!
5  score_total = kor + math + eng
6  print(score_total)
```

💬 _____

? 다음 중 식별자로 지정할 수 없는 단어와 가능하지만 권장되지 않는 단어를 해당 이유와 함께 설명해 보세요.

```
plus    7eleven    a    type    val    ClassicCar    power2    avg_score
```

💬 _____

MEMO

PART I

- 자료형과 문자열
- 자료구조
- 조건제어문

03

자료형과 문자열

03

자료형과 문자열

리터럴뿐 아니라 여러 표현식(코드, 문장)에서 **우리가 사용하게 되는 모든 데이터는 저장**이 됩니다. 그래서 각각의 데이터에 알맞은 형태의 **공간을 확보**해야 하는데, 이때 적용되는 개념이 바로 **자료형(datatype)**입니다. 이 자료형이 서로 맞지 않으면, 원치 않는 결과(오류)가 나타날 수 있습니다. 이 책은 자료형의 오류에 대해서 자연스럽게 익힐 수 있도록 구성이 되어 있으니, 지금은 "데이터 사용을 위해서는 타입을 고려해야 한다." 정도만 기억해 두시면 되겠습니다.

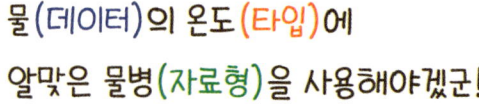
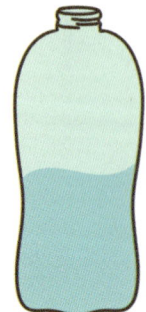

물(데이터)의 온도(타입)에 알맞은 물병(자료형)을 사용해야겠군!

1 변수

이전 파트에서 우리는 **print함수**를 통해서 여러 가지 데이터를 출력해보았습니다. 우리가 코드를 입력하고서 실행 버튼을 누르면, 모니터에 결과가 출력됩니다. 이 과정을 좀 더 자세하게 생각해 보겠습니다.

```
1   print(137)
```

code 1_3_1

1) 변수의 역할

파이썬은 우선 **print함수**를 식별하고, 출력할 준비를 합니다. 그다음 괄호 안에 입력된 **리터럴의 종류**를 파악하죠(참고로 우리는 137이 정수 리터럴이라는 것을 알고 있습니다). 이제 파이썬은 리터럴에 따라 컴퓨터 내부의 기억장치에 **정수 데이터를 담을 수 있는 공간을 확보**한 뒤에 데이터(137)를 **저장**합니다. 그리고선 모니터에 저장된 **데이터를 출력**하죠. **print함수**뿐 아니라, 어떠한 코드에서도 데이터를 사용하기 위해서는 반드시 저장하는 단계가 필요합니다.

무언가를 편집, 제어하는 등의 작업을 **핸들**이라고 표현합니다. 데이터를 핸들 하기 위해서는 해당 데이터가 저장된 위치가 필요한데, 프로그래밍 언어에는 고맙게도 이 위치를 대신 기억해 주는 **변수**라는 요소가 있습니다. 이 변수가 없다면, 우리는 같은 데이터를 다시 사용하기 위해서 같은 코드 입력을 반복해야 하죠.

```
1   print("전 국민 프로그래머 육성 프로젝트")
2   print(21_439 453)
3
4   # 같은 코드를 다시 반복해서 입력해야 함
5   print("전 국민 프로그래머 육성 프로젝트")
6   print(21_439_453)
```

code 1_3_2

2) 변수의 생성

변수를 생성하는 법은 간단합니다. **등호**를 기준으로 **좌측엔 변수명**이 될 식별자, **우측엔 표현식**을 입력하세요. 표현식의 결과(값)가 변수에 **할당**됩니다. 변수명은 의미 없는 단어로 지정하기보다, **의미(역할) 있는 단어를 사용**하는 것이 좋습니다. 변수명의 길이는 길어지겠지만, 가독성이 월등하게 좋은 코드를 디자인할 수 있게 됩니다.

```
1  a = "전 국민 프로그래머 육성 프로젝트"
2  b = 21_439_453
3  print(a)    # 데이터의 역할을 알 수 없음
4  print(b)    # 데이터의 역할을 알 수 없음
5
6  prj_title = "전 국민 프로그래머 육성 프로젝트"
7  america_gdp = 21_439_453
8  print(prj_title)
9  print(america_gdp)
```

code 1_3_3

하나의 변수에 전혀 다른 성격의 데이터를 할당하게 되면 변수의 역할이 바뀌게 되는데, 이것은 엄청난 혼란을 불러올 수 있습니다. 사용 빈도가 낮더라도, **역할에 따라 변수를 추가로 생성**하는 것이 좋습니다.

```
1  a = "전 국민 프로그래머 육성 프로젝트"
2  print(a)
3  a = 21_439_453    # 나쁜 코딩
4  print(a)
```

code 1_3_4

같은 역할을 하는 데이터라면, 몇 번이라도 해당 변수에 할당할 수 있습니다. 다만, 변수는 가장 최근에 할당된 값만 기억합니다. 변수에 다른 변수 데이터를 할당할 때는, 데이터가 옮겨 지는 것(기존 데이터가 없어짐)이 아니라, **복사되어 할당**됩니다.

```
1  add = 10
2  score = 80 + add      # 복사되어 할당 됨
3  print(score)          # 90
4  print(add)            # 10
6  score = 70
7  print(score)          # 70
```

code 1_3_5

여러 개의 변수를 한 줄에 생성 또는 할당하거나, 여러 개의 변수에 하나의 값을 할당하는 방법도 있습니다.

```
1  a, b = 10, 20    # a에 10, b에 20이 할당됨
2  a, b = b, a      # 서로 데이터가 뒤바뀜(교환)
3  print(a, b)
4  a = b = 30       # a와 b에 각각 30이 할당됨
5  print(a, b)
```

code 1_3_6

변수가 표현식에 포함되어 있을 때, 변수 자체를 데이터로 활용할 수 있습니다.

```
1  a = 80
2  b = a + 10    # 80 + 10
3  print(b)
```

code 1_3_7

공간 = 값

일반 표현식에서 변수는 대부분 값의 역할을 합니다. 그러니까 등호를 기준으로, 왼쪽에 있는 변수는 공간의 역할을 하며 오른쪽(표현식)에 있는 변수는 값의 역할을 합니다.

2 연산자

표현식이라는 단어를 앞에서도 몇 번 언급을 했었죠? 어떠한 값을 나타내기 위해 구현된 코드 및 문장들을 **표현식**이라고 합니다. 기초 단계에서 표현식을 구성하는 방법 중 가장 보편적인 것이 바로 연산자를 활용하는 겁니다. 예를 들어 50이라는 값을 나타내는 방법을 몇 가지 살펴보자면 아래와 같습니다. 나중에 여러 기술을 익히게 되면 표현하는 방법은 더욱더 많아지겠죠.

```
1  50
2  20 + 30
3  a = 25
4  b = a * 2
5  100 / 2
```

code 1_3_8

보시는 것처럼, 파이썬은 연산자를 사용하여 계산합니다. 연산한다는 것은, 기존의 **데이터를 가공하여 새로운 데이터를 만들어낸다**는 뜻이죠. 우리가 수학 공부를 하는 중이라면 연산의 결과를 알아내는 것이 제일 중요한 문제가 되겠지만, 프로그래밍에서의 연산은 컴퓨터가 수행하기 때문에 우리는 **다른 부분에 초점**을 맞춰야 합니다.

```
1  kor = 70
2  math = 86
3  eng = 92
4  # print(kor + math + eng) 보다는 아래처럼!
5  score_total = kor + math + eng
6  print(score_total)
```

code 1_3_9

1) 산술 연산자

산술 연산자는 우리가 알고 있는 일반적인 연산기호로 이루어져 있습니다. 좀 전에도 이야기했듯이, 연산자를 공부할 때는 연산의 결과가 아닌, **결과로 나올 데이터 타입을 파악**하는 것이 중요합니다. 결과 값의 데이터 타입은 연산기호와 피연산자의 타입에 따라 결정되는데, 몇 가지 예를 들어보겠습니다.

연산자	설명	예	결과	연산자	설명	예	결과
+	더하기	2 + 5	7	//	몫	5 // 2	2
-	빼기	10 - 2	8	%	나머지	5 % 2	1
*	곱하기	5 * 3	15	**	제곱	2 ** 4	16
/	나누기	4 / 2	2.0				

더하기, 빼기, 곱하기, 제곱은 피연산자가 **실수 타입인 경우에만 결과도 실수 타입**으로 나타냅니다.

```
1  plus = 2 + 3
2  minus = 10 - 2.0
3  multi = 5 * 3.0
4  power = 2 ** 4
5  print(type(plus))
6  print(type(minus))
7  print(type(multi))
8  print(type(power))
```

code 1_3_10

나누기는 **무조건 실수 타입**으로 결과를 나타냅니다.

```
1  div = 10 / 2
2  print(type(div))
```

code 1_3_11

파이썬은 몫과 나머지를 간편하게 구할 수 있습니다. 둘 다 **정수 타입**으로 결과가 나타납니다.

```
1  share = 10 // 2
2  remainder = 5 % 2
3  print(type(share))
4  print(type(remainder))
```

code 1_3_12

2) 복합대입 연산자

복합대입 연산자는 **변수 자신의 값을 기준으로 연산**을 해야 할 때 사용합니다. 입력된 국어점수에 10을 더해야 하는 상황을 생각해볼까요? 자신의 값을 증가시키는 것이기 때문에 같은 변수를 활용하여 계산합니다.

```
1  kor = 70
2  kor = kor + 10    # kor + 10이 먼저 계산되고, 80이 할당 됨
3  print(kor)
```

code 1_3_13

복합대입 연산자를 활용하면 좀 더 간단하게 식을 표현할 수 있습니다.

```
1  kor = 70
2  kor += 10    # kor = kor + 10
3  print(kor)
```

code 1_3_14

복합대입 연산자는 **모든 이항연산자**(피연산자가 2개인)**에 대응**하여 사용 가능합니다. 데이터 자신이 변형된다는 점을 참고하시기 바랍니다.

```
1  val += 10    # val = val + 10
2  val -= 10    # val = val - 10
3  val **= 5    # val = val ** 5
4  val %= 3     # val = val % 3
5  val <<= 2    # val = val << 2    아직 안배운 내용
6  val ^= 2     # val = val ^ 2     아직 안배운 내용
```

code 1_3_15

연산자의 종류

연산자는 지금까지 소개한 것보다 훨씬 더 많은 종류가 존재합니다만, 우선은 문법에 집중하세요. 연산자는 그때그때 필요한 것들만 알아두고, 나중에 정리하는 시간을 가지도록 하겠습니다.

연산자 우선순위

더하기, 빼기보다 곱하기, 나누기가 먼저 진행된다는 점을 알고 계시나요? 이 개념이 바로 **연산자 우선순위**입니다. 이 또한 앞으로 연산자를 알아가면서 조금씩 공부해보도록 하겠습니다. 우선은 산술과 대입 연산의 우선순위를 기억하시고, 나머지 배우게 되는 연산자들의 우선순위를 덧붙이는 방식으로 진행하도록 하겠습니다.

아래 표에서 위쪽이 우선순위가 가장 낮고, 아래쪽이 가장 높습니다. 또한, 같은 우선순위에 있는 연산은 왼쪽에서부터 차례대로 연산이 진행됩니다.

연산자	설명
=, +=, -=, **=, *=, /=, //=	대입연산자
+, -	산술연산자 ① +, -가 늦게 연산되는 것은 기본 ② 단항연산 ▶ 이항연산 순으로 진행 ③ 괄호는 항상 최우선 순위
*, /, //, %	
+5, -5	
**	
( ), [ ], { }	괄호

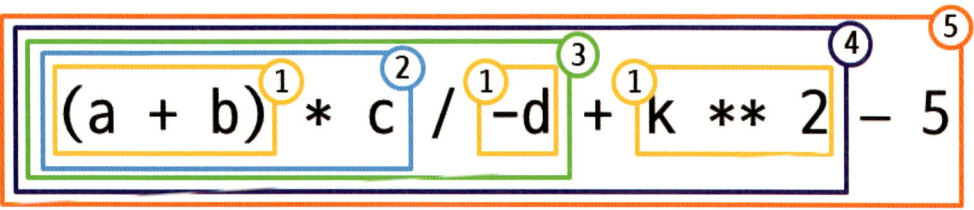

3 문자열 다루기

print함수는 쉼표를 이용해서 한 번에 여러 요소를 출력할 수 있습니다. 아래 코드는 식과 결과, 결과 값의 타입을 출력하고 있는데, 이 결과를 좀 더 보기 좋게 만들어 보겠습니다.

```
1  plus = 2+3
2  type_plus = type(plus)
3  print("2+3=", plus, type_plus)
```

code 1_3_16

왜 결과를 보여주지 않는 거죠?

직접 코딩해보고 실행해봐야 공부가 되기 때문입니다. 코드와 결과가 함께 나와 있으면 그냥 읽어보고 넘어가는 학생들이 많습니다. 저도 예전엔 그랬고요. 실습하지 않으면 진도는 빨리 나가겠지만, 필요할 때 필요한 기능을 적용하기가 굉장히 힘들어집니다. 프로그래밍 언어도 언어입니다. **실제로 사용해봐야 실력이 빨리 향상**됩니다!

만약 실습이 어려운 상황이라면, 책과 함께 동영상 강의를 시청해 주세요. 동영상에는 코드의 결과 및 문제의 정답도 해설과 함께 설명하고 있습니다.

1) 문자열 합치기

문자열 리터럴(이하 '문자열')은 나란히 나열하거나, 더하기, 곱하기 연산이 가능합니다. 큰 따옴표로 코딩해도 같은 결과를 확인할 수 있습니다.

```
1  print('py''thon')
2  print('ea'
3        'sy')
4  print('pro'+'gramming')
5  print('^' * 2)
```

code 1_3_17

2) 문자열 인덱싱

첨자([숫자])를 활용하여 문자열 중 한 글자만 가져올 수 있습니다. 문자열뿐만 아니라 모든 요소의 **첨자(index)의 시작은 0부터** 1씩 증가하고, **끝은 -1부터** 1씩 감소하여 위치를 나타냅니다.

문자열	p	y	t	h	o	n	!
시작	0	1	2	3	4	5	6
끝	-7	-6	-5	-4	-3	-2	-1

```
1  word = '파이썬'
2  print(word[0])
3  print(word[1])
4  print(word[-1])
5  print(word[2])
6  print(word[-2])
7  print(word[-3])
```

code 1_3_18

3) 문자열 슬라이싱

[시작 위치 : 종료 위치] 형식을 활용하여 문자열의 일부분을 가져올 수 있습니다. 특이한 점은, **시작 위치부터 종료 위치 전까지만 슬라이싱** 된다는 점입니다. 시작 위치를 생략하면 가장 처음(0)부터 시작하고, 종료 위치를 생략하면 가장 마지막까지 슬라이싱 합니다. 만약 첨자가 범위를 벗어나도 마지막까지만 슬라이싱 해줍니다.

```
1  word = '파이썬 프로그래밍'
2  print(word[4:9])
3  print(word[4:90])
4  print(word[-3:-1])
5  print(word[:3])
6  print(word[-5:])
```

code 1_3_19

4) 문자열 포맷팅

문자열은 **format메소드**를 내장하고 있기 때문에, 개발자의 입맛에 맞게 서식(포맷)을 지정할 수 있습니다. **print함수**와 달리, 각각의 문자열에 **내장된 함수(메소드)를 불러올 때는 점(.)을 이용해 접근**합니다.

```
1  fstring = '{0}야 {0}야 이리날아 오너라 노란{0} 흰{0}'
2  print(fstring.format('나비'))
3  print(fstring.format('매미'))
```

code 1_3_20

중괄호 안의 숫자를 변경하면, 여러 문자열을 사용하여 포맷팅이 가능합니다.

```
1  fstring = '{0}\n{1}하늘에서도 {2}하늘에서도\n{0}'
2  print(fstring.format('반짝반짝 작은별 아름답게 비추네', '서쪽',
3         '동쪽'))
```

code 1_3_21

5) 문자열 형변환

사실 **type함수**를 사용하여 나온 결과는 문자열이 아닙니다. **print함수**가 알아서 문자열로 형변환을 하는 것인데, 때에 따라 여러분들이 **직접 형변환**을 해줄 수도 있습니다. 숫자로 구성된 문자열을 숫자로 형변환 하거나, 숫자를 문자열로 형변환 하는 것 역시 가능합니다.

```
1  plus = 2+3
2  type_plus = type(plus)
3  print(type(type_plus))       # <class 'type'>
4  type_plus = str(type_plus)   # 형변환
5  print(type(type_plus))       # <class 'str'>
6  print(11 * 2)                # 22
7  print(str(11) * 2)           # 1111
8  print(int("34") + 2)         # 36 // 형변환
```

code 1_3_22

6) 문자열 포맷팅 응용

문자열을 다루는 여러 기술을 조합하면, 더욱 깔끔한 결과를 얻을 수 있습니다.

```
1  plus = 2+3
2  minus = 10-2.0
3  type_plus = str(type(plus))
4  type_minus = str(type(minus))
5  fstring = "식:{0}={1}, 타입:{2}"
6  print(fstring.format("2+3", plus, type_plus[8:-2]))
7  print(fstring.format("10-2.0", minus, type_minus[8:-2]))
```

code 1_3_23

이게 끝인가요?

생각보다 내용이 짧다고 느끼시는 분들이 많으실 겁니다. 연산자와 문자열에 관계된 학습 내용은 이후에도 꾸준히 소개됩니다. 반드시 알아둬야 하는 기초를 제외하면 필요할 때마다 배워가시면 되겠죠? **우리가 마스터해야 하는 건 연산자와 문자열이 아니라, 파이썬**이라는 점을 기억해두시기 바랍니다.

각 장의 기초를 기반으로 하는 심화 내용은 PART 2에서 다룹니다.

기초다지기

? 어떠한 대상을 편집하거나 제어하는 등의 작업을 무엇이라고 하나요?

💬 _____

? 값을 나타내기 위해 구현된 코드 및 문장들을 무엇이라고 하나요?

💬 _____

? 체중과 키를 저장하는 변수를 만들고, BMI(체질량지수)를 계산해서 아래와 같은 형식으로 출력해보세요. BMI는 체중을 키의 제곱으로 나눈 값입니다(예 BMI 수치는 31.9 입니다).

💬 _____

? 근의 공식을 파이썬 연산자로 구현하여 아래 2차 방정식의 해를 구해보세요. 제곱근(루트)은 **로 나타낼 수 있습니다(예 루트2 = 2**0.5).

$ax^2+bx+c=0$일 때,

근의공식: $x = \dfrac{-b + \sqrt{b^2 - 4ac}}{2a}, \dfrac{-b - \sqrt{b^2 - 4ac}}{2a}$

2차 방정식: $4x^2-6x+2=0$

💬 _____

? 주민번호 앞자리를 문자열로 저장하는 변수를 만들고, 아래와 같은 형식으로 출력해보세요 (예 1986년 09월 08일).

💬 _____

MEMO

PART I

- 자료구조
- 조건제어어문
- 반복제어어문

04

자료구조

04

자료구조

프로그램의 규모가 커질수록 관리해야 하는 데이터들도 많아집니다. 1명의 수학 점수를 관리할 때와 모든 학생의 3년간의 수학 점수를 관리할 때를 생각해보세요. 이처럼 관리해야 할 데이터가 많은 경우, **하나의 변수로 데이터를 핸들 할 수 있도록 데이터를 묶어주고(구조화)**, 데이터 핸들에 필요한 작업(**메소드**)을 미리 구현(**내장**)해 둔 것을 **자료구조**라고 합니다.

1 List

여러분이 수학 점수를 저장하기 위해서는 변수를 하나 생성하면 됩니다.

```
1    math = 80
```
code 1_4_1

만약 1년간의 수학 점수를 저장해야 한다면, 변수를 4개 생성해야 하죠. 이에 더해, 3년간의 수학 점수를 저장해야 한다면? 훨씬 더 많은 변수를 생성해야 합니다.

```
1    math1_1_m = 80
2    math1_1_f = 83
3    math1_2_m = 78
4    math1_2_f = 85
5    math2_1_m = 95
     ...
12   math3_2_f = 90
```
code 1_4_2

자료구조 중 가장 기본적인 리스트에 관해서 공부해보도록 하죠. 우선 리스트를 사용하지 않은 상태로, 학생 정보를 구현해보겠습니다.

```
1    name = "파이썬"
2    k_food = 30
3    eng = 40
4    math = 30
5    phone = "010-1234-5678"
```
code 1_4_3

5개의 데이터가 각각 변수에 할당되어 있습니다. 이 중에 국어, 수학, 영어점수를 리스트로 만들어서 하나의 변수에 담아보겠습니다. **대괄호([ ])와 쉼표로 구분하여 묶어주면 리스트로 인식**합니다.

```
1   name = "리턴제로"
2   score = [30, 40, 30]
3   phone = "010-1234-5678"
```

code 1_4_4

이번에는 다른 구조로 리스트화시켜볼까요? 학생 정보라는 개념으로 모든 데이터를 리스트에 담습니다. 파이썬은 **서로 다른 타입의 데이터도 하나의 리스트에 담을 수 있고, 리스트 안에 또 다른 리스트를 생성해서 관리**할 수도 있습니다. 리스트 역시 **print함수**로 출력이 가능합니다.

```
1   student = ["파이썬", [30, 40, 30], "010-1234-5678"]
2   print(student)
```

code 1_4_5

리스트를 어떤 형태로 구성할 것인지에 대한 정답은 없지만, 좀 더 **효율적인 구조는 반드시 존재**합니다. 아래 실습을 따라 하면서, 여러분 스스로 "좀 더 효율적인 구조가 있진 않을까?"라고 생각해 보시는 것도 좋은 공부가 될 겁니다.

1) 리스트 생성

우선 리스트 구조를 잡아볼 상황을 만들어보겠습니다. 요리 이름을 저장할 빈 리스트를 생성해 보죠. **리스트는 대괄호로 표현**합니다.

```
1   food = []
2   print(food)
```

code 1_4_6

하나의 리스트에 모든 요리를 다 담을 수도 있지만, 한식, 일식, 중식으로 분류하여 담는다면 좀 더 구조적인 표현이 가능해집니다. 각각의 요리 리스트를 생성한 뒤, food리스트에 포함합니다. 각각의 **리스트에 이름을 지정하여 연결**하게 되면, 해당 리스트를 별도로 **핸들** 할 수 있습니다. 자세한 건 실습으로 천천히 살펴보도록 하죠.

```
1  # food = [[], [], []] 와의 차이를 고민해보자
2  k_food = []
3  j_food = []
4  c_food = []
5  food = [k_food, j_food, c_food]
6  print(food)
```

code 1_4_7

2) 리스트 항목 추가

리스트에 값을 추가할 때는 리스트 객체에 내장되어있는 **append메소드**를 사용합니다. 만약 food리스트만 사용하여 리스트를 생성했다면 food리스트의 인덱스를 통해서만 값을 추가해야 하는데, 이렇게 되면 코드의 가독성이 떨어집니다. **메소드는 점(.)을 통해서 접근**할 수 있습니다.

```
1  food = [[], [], []]
2  food[0].append("라면")
3  food[1].append("초밥")
4  food[2].append("짜장면")
5  print(food)
```

code 1_4_8

때문에, 앞서 코드처럼 각각의 리스트를 핸들 할 수 있도록 하여 코드의 가독성을 높입니다.

```
1  k_food = []
2  j_food = []
3  c_food = []
4  food = [k_food, j_food, c_food]
5  print(food)
6  k_food.append("라면")
7  j_food.append("초밥")
8  c_food.append("짜장면")
9  print(food)
```

code 1_4_9

코드를 보면, food 리스트에 데이터를 추가하지 않았지만, 출력된 결과를 보면 요리들이 정상적으로 추가된 것을 확인할 수 있습니다. 데이터가 복사되는 변수와 달리, **리스트에 리스트를 추가**하면 새로운 리스트가 생성되는 것이 아니라, **기존의 리스트 데이터를 공유**한다는 것을 알 수 있죠.

3) 리스트 항목 제거(인덱스 사용)

저는 일식 요리를 좋아하지 않습니다. 이번에는 일식을 삭제하고 이탈리아 요리를 넣어보겠습니다. **리스트 인덱싱**(번호로 데이터들의 위치에 접근하는 것)은 **'0'번부터 시작**합니다. 일식이 두 번째 위치에 있기 때문에 '1'로 인덱싱하여 삭제합니다. **del**과 **pop메소드**는 모두 데이터를 지우지만, **pop메소드**에는 한 가지 기능이 더 있는데 이건 아래에서 설명하겠습니다.

```
1  ...
2  i_food = ["피자"]
3  del food[1]      # food.pop(1)
4  food.append(i_food)
5  print(food)
```

code 1_4_10

4) 리스트 항목 삽입

만약, 이탈리아 요리가 한식 다음에 오길 원한다면, **append메소드**대신 **insert메소드**를 사용하여 **삽입될 위치를 지정**합니다. 계속해서 몇 가지 데이터를 좀 더 추가하겠습니다.

```
1   ...
2   food.insert(1, i_food)
3
4   k_food.append("불고기")
5   k_food.append("마라탕")
6   k_food.append("설렁탕")
7   k_food.append("제육볶음")
8   i_food.append("파스타")
9   c_food.append("멘보샤")
10  print(food)
```

code 1_4_11

5) 리스트 항목 제거(값 사용)

앗! 제가 실수로 마라탕을 k_food리스트에 넣어버렸습니다. 지워야 하는데 데이터를 너무 많이 추가해서 몇 번째 항목인지 헷갈리네요. 이럴 때는 **remove메소드**를 활용하면 됩니다. **remove메소드**는 인덱스가 아닌 **값을 이용해 요소를 삭제**합니다.

```
1   ...
2   k_food.remove("마라탕")
3   c_food.append("마라탕")
4   print(food)
```

code 1_4_12

6) 리스트 항목 바꾸기(응용)

조금 복잡한 작업을 해볼까요? k_food에 저장했던 라면을 삭제하고, 바로 그 위치에 육개장을 추가해보죠. 해당 요소의 위치를 알아낼 수 있는 **index메소드**가 필요합니다. **pop메소드**는 **del**과 같이 요소를 삭제하지만, **삭제한 요소를 따로 저장**할 수 있습니다.

```
1  ...
2  # 라면의 위치값을 찾아 변수에 저장
3  idx = k_food.index("라면")
4  # 해당 위치의 값을 뽑아서 변수에 저장(del로는 못 함)
5  tmp = k_food.pop(idx)
6  # 해당 위치에 '육개장' 삽입
7  k_food.insert(idx, "육개장")
```

code 1_4_13

여기까지가 리스트 활용의 기초입니다. 리스트 관련 기능은 훨씬 더 다양하지만, 반드시 기억해둬야 할 부분을 우선 배우고 나머지는 차근차근 배워나가도록 하겠습니다.

2 Tuple

리스트의 개념이 파악되신 분들은 앞으로 다룰 3가지 자료형도 어렵지 않게 익히실 수 있을 겁니다. 각각의 차이점을 중심으로 살펴보는 것이 좋겠죠? 리스트는 값을 수정하고, 추가하고, 삭제도 할 수 있는 **가변적인 시퀀스**(순서가 있는 자료형)입니다. 그런데 가끔은, **불변형 시퀀스**(수정이 안 되는)를 사용해야 할 때가 있죠. 프로그래밍하다 보면, 어떤 데이터들은 실수로라도 건드리지 말아야 할 경우가 생기는데요. 그때 사용하는 자료형이 바로 **튜플**입니다.

튜플의 생성 방법이 리스트와 다른 점은 단 하나. **대괄호 대신 소괄호**(일반적으로 '괄호'라고 합니다)를 사용합니다. 앞서 말했듯이 튜플로 생성된 데이터는 실수로도 변경되지 않습니다. 당연히 수정과 삭제 등에 관련된 기능들도 존재하지 않죠.

```
1  rainbow = ("빨", "주", "노", "초", "파", "남", "보")
2  # 데이터가 2개 이상이면 괄호 생략가능
3  rainbow = "빨", "주", "노", "초", "파", "남", "보"
4  # rainbow.pop()  에러!
5  # rainbow.append("핑크") 에러!
```

code 1_4_14

튜플은 불변형 시퀀스기 때문에, 튜플에 포함된 리스트를 **삭제하는 것은 불가능**합니다. 하지만, 리스트 내부의 값을 수정하고 삭제하는 것은 말 그대로 리스트기 때문에 아무런 문제가 되지 않습니다.

```
1   st = (1, [20, 30])
2   st[1].append(12)      #리스트 내부에는 추가가능
3   # del st[1]           #리스트 자체는 튜플의 요소이기 때문에 삭제 불가능
4   print(st)
```

code 1_4_15

불변형 시퀀스가 하나 더 있는데, 바로 문자열입니다. 문자열 역시 수정이 불가능하죠. 근데, 불변이든 가변이든 시퀀스라면 공통으로 가능한 기능이 있는데, 그게 바로 인덱싱입니다. 앞에서 사용한 적이 있죠?

```
1   rainbow = ("빨", "주", "노", "초", "파", "남", "보")
2   name = "python"
3   score = [30, 40, 30]
4   print(name[1])
5   print(rainbow[0])
6   print(score[1])
7   print(name[-1])
8   print(rainbow[-3])
9   print(score[-2])
```

code 1_4_16

3 Range

range는 말 그대로 **특정 범위의 정수를 나열**하는 불변형 시퀀스이며, 나중에 배우게 될 for문에서 주로 사용됩니다. range는 다른 시퀀스들과 달리 **range함수**를 통해서 생성해야 하고, 생성된 요소들을 확인하기 위해서는 리스트 타입으로 변환을 해야 합니다. 실제로 사용할 때는 변환이나 출력을 하진 않죠. 어떻게 생성이 되는지 정도만 이해하시면 됩니다. **range함수**를 호출할 때, 3가지의 **인수(함수가 명령 실행을 위해 미리 할당받는 값)**을 가지는데, 각각의 의미는 아래와 같습니다.

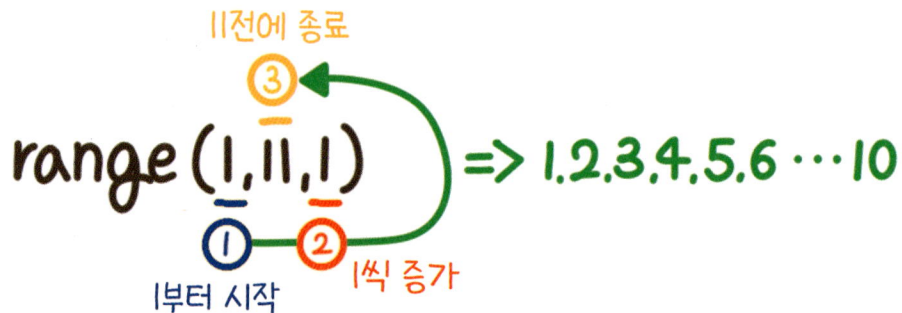

```
1   r1 = range(10)            # 0부터 10전까지
2   r2 = range(1, 11)         # 1부터 11전까지
3   r3 = range(0, 30, 5)      # 0부터 30전까지 5씩 증감
4   r4 = range(0, 10, 3)      # 0부터 10전까지 3씩 증감
5   r5 = range(0, -10, -2)    # 0부터 -10전까지 -2씩 증감
6   # 리스트로 타입 변환하여 출력
7   print(list(r1))           # [0, 1, 2, 3, 4, 5, 6, 7, 8, 9]
8   print(list(r2))           # [1, 2, 3, 4, 5, 6, 7, 8, 9, 10]
9   print(list(r3))           # [0, 5, 10, 15, 20, 25]
10  print(list(r4))           # [0, 3, 6, 9]
11  print(list(r5))           # [0, -2, -4, -6, -8]
```

code 1_4_17

인수에 대해서는 나중에 자세하게 다루도록 하겠습니다. **range함수**의 사용법만 이해하고 넘어가세요.

4 Dictionary

시퀀스 타입의 리스트나 튜플처럼, 숫자로 인덱싱을 하는 게 아니라 **문자열(키)로 데이터에 접근**하는 **딕셔너리 자료형**도 있습니다. 한글로는 사전이죠.? 딕셔너리는 **키와 값으로 구성**이 되어있고, 리스트와 튜플 처럼 순서(시퀀스)가 존재하지 않는 **매핑형** 자료구조입니다.

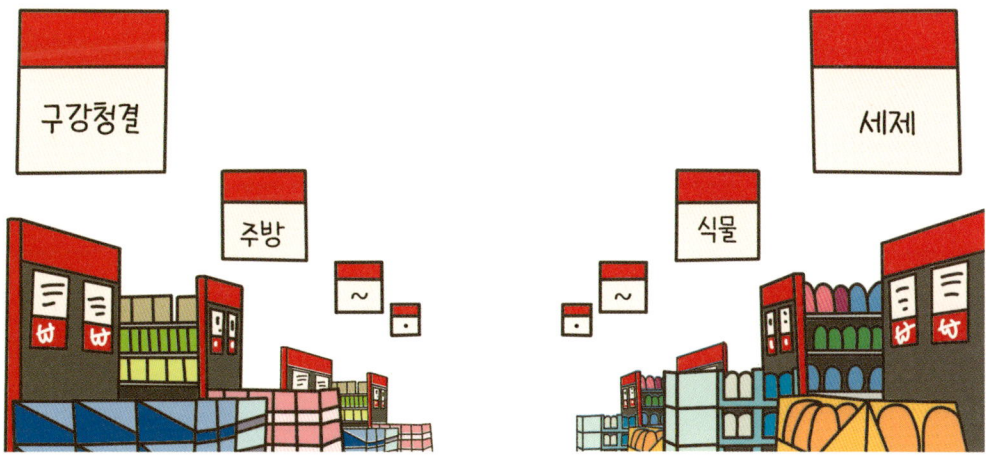

딕셔너리를 구성할 때는 키와 값을 콜론으로 구분하여 **중괄호**로 감쌉니다.

```
1  memberAge = {"철수":20, "영희":19}
2  print(memberAge["철수"])
```

code 1_4_18

없는 키를 입력하는 경우 새로운 데이터를 생성하고, 있는 키로 접근하는 경우 데이터를 교체합니다.

```
1  ...
2  memberAge["강준"] = 23    # 없는 요소는 추가하고
3  memberAge["철수"] = 25    # 있는 요소는 변경한다
4  print(memberAge)
```

code 1_4_19

딕셔너리 값으로 다른 시퀀스들이 올 수 있습니다. 앞서 리스트 섹션에서 봤던 데이터들을 좀 더 직관적으로 구성할 수도 있죠.

```
1  student = {"이름":"리턴제로", "점수":[30, 40, 30],
2             "연락처":"010-1234-5678"}
3  print(student["연락처"])
```

code 1_4_20

키 또는 값들만 따로따로 리스트 형태로 가져오거나, 2가지 전부 튜플과 리스트의 혼합형태로 가져올 수 있습니다.

```
1  student = {"이름":"리턴제로", "점수":[30, 40, 30],
2             "연락처":"010-1234-5678"}
3  print(list(student.keys()))      # list(student)와 같음
4  print(list(student.values()))
5  print(list(student.items()))
6  print(student)
```

code 1_4_21

딕셔너리는 방대해진 자료구조들의 구조를 잡을 때, 그 매력을 느낄 수 있습니다. 수많은 리스트와 튜플, 숫자와 문자열을 한데 묶어서 **하나의 객체 개념으로 정리**가 가능합니다. 나중에 배우게 될 **JSON형식과도 호환**이 가능합니다.

기초다지기

❓ que 변수에 빈 리스트를 할당하세요. 이 리스트에 과목명(subject), 지도교수(professor), 수강 중인 학생들(student)이 저장될 리스트를 추가하세요(예 [[   ], [   ], [   ]]).

💬 _____

❓ 파이썬 과목을 가르치는 나천재교수의 수업은 이재석, 강준기, 장호동이 듣고 있습니다. 과목 리스트에 파이썬을 추가하고, 지도교수 리스트에 나천재를 추가하세요. 그리고 학생 리스트엔 이재선, 강준기, 장호동을 추가하세요(예 [['파이썬'], ['나천재'], [['이재석', '강준기', '장호동']]]).
※ 주의! 과목과 교수는 한 명씩 이지만, 이에 대응하는 학생들은 여러 명이기 때문에, 학생들은 리스트 형태로 추가해야 합니다.

💬 _____

❓ 컴퓨터활용을 가르치는 김능력교수의 수업이 새로 생겼습니다. 아직 수강생은 없군요. 과목 리스트에 컴퓨터활용을 추가하고, 지도교수 리스트에 김능력을 추가하세요. 그리고 학생 리스트엔 빈 리스트를 추가하세요(예 [['파이썬', '컴퓨터활용'], ['나천재', '김능력'], [['이재석', '강준기', '장호동'], []]]).

💬 _____

❓ 김능력 교수가 수업한다는 소문을 듣고, 이세웅, 한우리, 김길동, 박둘리 가 수강생으로 등록 하였습니다. 해당 학생 리스트에 이세웅, 한우리, 김길동, 박둘리를 추가하세요(예 [['파이썬', '컴퓨터활용'], ['나천재', '김능력'], [['이재석', '강준기', '장호동'], ['이세웅', '한우리', '김길동', '박둘리']]]).
※ 주의! 이미 빈 리스트가 추가되었기 때문에 리스트 형태가 아닌 하나의 항목씩 데이터를 추가해야 합니다.

💬 _____

❓ 그런데 알고보니, 나천재의 진짜 정체는 나바보였습니다. 나천재를 지우고, 지운 자리에 나바보를 추가하세요(위치가 index, pop, insert 활용)(예 [['파이썬', '컴퓨터활용'], ['나천재', '김능력'], [['이재석', '강준기', '장호동'], ['이세웅', '한우리', '김길동', '박둘리']]])

💬 _____

❓ 실망한 장호동은 파이썬 수업을 그만두고, 컴퓨터활용 수업을 듣기로 했습니다. 학생 리스트의 첫 번째 리스트에서 장호동을 지우고, 두 번째 리스트에 장호동을 추가하세요.(예) [['파이썬', '컴퓨터활용'], ['나바보', '김능력'], [['이재석', '강준기'], ['이세웅', '한우리', '김길동', '박둘리', '장호동']]])

💬 _____

❓ 결국 나바보의 파이썬 수업은 없어지고 말았습니다. 과목과 지도교수, 학생 리스트의 각각 첫 번째 항목을 삭제하세요.(예) [['컴퓨터활용'], ['김능력'], [['이세웅', '한우리', '김길동', '박둘리', '장호동']]]).

💬 _____

❓ 김능력 교수는 많아진 학생들 출석관리를 위해 가나다순(오름차순)으로 이름을 정렬하기로 했습니다. sort()함수를 사용하여 학생 리스트를 정렬하세요(예) 리스트명.sort())(예) [['컴퓨터활용'], ['김능력'], [['김길동', '박둘리', '이세웅', '장호동', '한우리']]]).

💬 _____

❓ 위의 출력 결과를 보면, 각 데이터의 정확한 의미를 파악하기가 힘듭니다. 딕셔너리를 사용하여 각각 과목, 교수, 학생의 키(key)를 가지도록 데이터를 구성하세요(예) {'과목' : '컴퓨터활용', '교수' : '김능력', '학생' : ['김길동', '박둘리', '이세웅', '장호동', '한우리']}).

💬 _____

MEMO

PART I

- 조건제어문
- 반복제어문
- 함수

05

조건제어문

05

조건제어문

'불금'이라는 단어를 알고 계시나요? 불타는 금요일. 다른 날도 많은데 굳이 금요일이 불타는 이유는, 다음날이 휴일이기 때문입니다. 평소에는 다음날 출근을 해야 하기 때문에 일찍 잠들어야 하는데, 내일이 휴일인 경우에는 출근 걱정을 할 필요가 없으니까 **불타오를 수 있는 것**이죠.

이번 장에서는, 사용자로부터 입력받은 값을 판단하고, **판단된 상황(분기)**에 따라서 실행되는 프로그램이 달라져야 하는 경우에 사용되는 **조건제어문**에 대해서 배워보도록 하겠습니다.

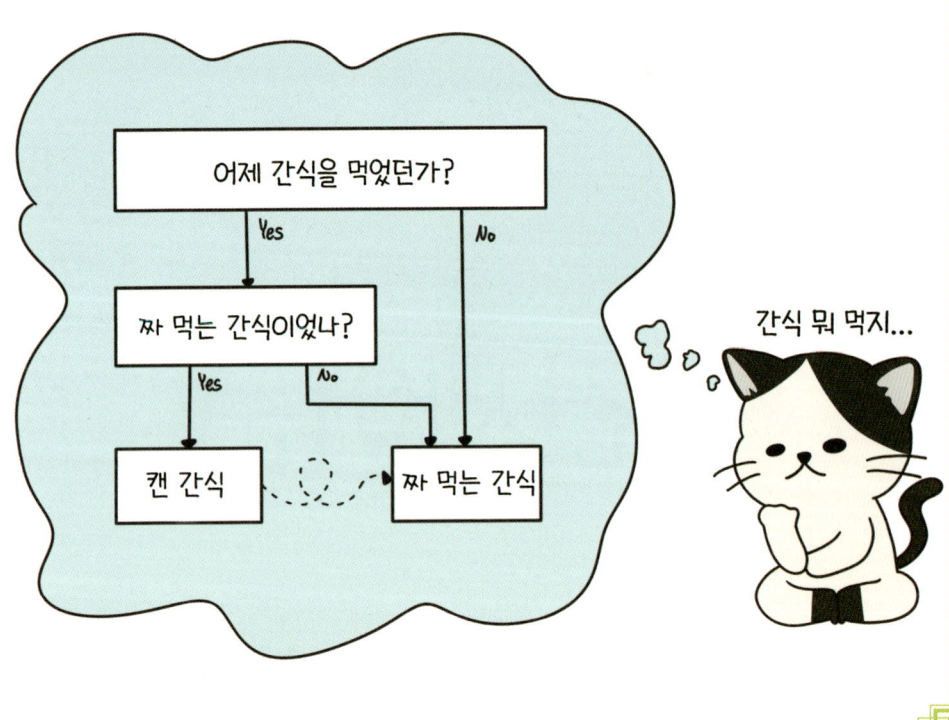

1 input()

input함수를 이용하면 사용자로부터 **값을 입력받아 변수에 저장**할 수 있습니다.

```
1  value = input()
2  print(value)
```
code 1_5_1

코드를 실행하면 결과 창에 아무것도 나타나지 않습니다. 현재 입력을 기다리고 있기 때문인데, 여러분이 직접 그곳에 값을 입력(꼭 숫자가 아니어도 됩니다)하고 엔터를 누르면 곧바로 결과가 출력될 겁니다. 파이참에서는 **사용자 입력값을 기울임 꼴로 나타냅니다.**

사용자가 알맞은 값을 입력할 수 있도록 **안내 문자열(prompt)**을 지정할 수 있습니다. 프롬프트는 입력 전에 출력되어 사용자에게 보입니다. 그리고 모든 사용자 **입력은 일단 문자열로 저장**됩니다.

```
1  value = input("1~20 사이의 정수를 입력하세요:")
2  print(value)
3  print(type(value))
```
code 1_5_2

문자열을 **적절한 숫자 형으로 변환**해 줘야 하는데, 정수형으로 변환은 **int함수**, 실수형으로 변환은 **float함수**, 둘 중 적절한 타입으로 변환을 할 때는 **eval함수**를 사용하면 됩니다.

```
1  value = input("수를 입력하세요:")
2  print(int(value))    # 실수를 입력하면 에러!
3  print(float(value))
4  print(eval(value))   # 적절한 타입으로 변환
```
code 1_5_3

2 비교/논리 연산자

값이 정확하게 입력되었는지 판단하기 위해서는 비교 연산이 필요합니다. 비교연산자를 통해 우리는 두 값이 같은지, 다른지, 큰지, 작은지, 이상인지, 이하인지 등을 판단할 수 있으며, 결과는 **bool타입**인 **참(True)**과 **거짓(False)**으로 나타납니다.

기호	의미	예시	결과
==	같다	10 == 20	False
!=	다르다(같지 않다)	10 != 20	True
>	크다(초과)	5 > 3	True
<	작다(미만)	10 < -20	False
>=	이상(크거나 같다)	10 >= 10	True
<=	이하(작거나 같다)	5 <= 2	False

```
1  v1 = eval(input("첫번째 수를 입력하세요:"))    # 10
2  v2 = eval(input("두번째 수를 입력하세요:"))    # 20
3  print(v1 == v2)    # False
4  print(v1 != v2)    # True
5  print(v1 > v2)     # False
6  print(v1 < v2)     # True
7  print(v1 >= v2)    # False
8  print(v1 <= v2)    # True
```

code 1_5_4

파이썬은 매우 직관적으로 데이터가 특정 범위에 포함되는지 판단할 수 있습니다.

```
1  v = eval(input("수를 입력하세요:"))    # 16
2  print(10 <= v <= 20)                   # True
```

code 1_5_5

여러 요소를 **복합적으로 비교**해야 할 때는 논리 연산자를 사용합니다. and와 or, not이 그것인데 단어 뜻 그대로 사용하면 되니 이해가 어렵진 않을 겁니다.

```
1   kor = eval(input("국어점수 입력:"))
2   math = eval(input("수학점수 입력:"))
3   eng = eval(input("영어점수 입력:"))
4
5   # 3과목 모두 80이상인지 판단
6   print(kor >= 80 and math >= 80 and eng >= 80)
7   print(not(kor < 80 or math < 80 or eng < 80))
8
9   # 3과목 중 하나라도 40미만인지 판단
10  print(kor < 40 or math < 40 or eng < 40)
11  print(not(kor >= 40 and math >= 40 and eng >= 40))
```
code 1_5_6

연산자 우선순위

아래 표에서 위쪽이 우선순위가 가장 낮고, 아래쪽이 가장 높습니다. 또한, 같은 우선순위에 있는 연산은 왼쪽에서부터 차례대로 연산이 진행됩니다.

연산자	설명
=, +=, -=, **=, *=, /=, //=	대입연산자
and, or, not	**논리연산자**
in, ==, !=, >, >=, <, <=	**비교연산자**
+, -	산술연산자 ① +, -가 늦게 연산되는 것은 기본 ② 단항연산 ▶ 이항연산 순으로 진행 ③ 괄호는 항상 최우선 순위
*, /, //, %	
+5, -5	
**	
( ), [ ], { }	괄호

3 If

여러분은 지금 시험 채점을 하고 있습니다. 학생의 점수에 따라서 합격 문자를 보낼 생각입니다.

```
1   print("합격입니다.")
```

code 1_5_7

합격의 기준은 90점 이상입니다. 점수가 90점 이상일 때만, 합격 문자를 보내고 싶다면 if문을 사용합니다.

```
1   score = 95
2   if score >= 90:
3       print("합격입니다.")
```

code 1_5_8

키워드 if와 구분자 ':'사이에 있는 **비교연산(조건식)이 참**이면, 아래 들여쓰기 되어 있는 문장들을 실행합니다. 들여쓰기가 되어 있지 않은 문장부터는 if문의 범위에 해당하지 않습니다. 파이썬은 **영역의 구분을 들여쓰기로 판단**한다는 점을 명심하세요!

```
1   score = 95
2   if score >= 90:
3       print("합격입니다.")      # 90이상일 때만 출력
4       print("축하합니다.")      # 90이상일 때만 출력
5   print("수고하셨습니다.")      # 언제나 출력
```

code 1_5_9

만약, 합격을 못 한 학생에게도 불합격이라는 통보를 하고 싶다면, **else파트**를 사용합니다. 90 이상이면서 동시에 90 미만일 수는 없기 때문에, **둘 중 하나의 작업만 진행**할 수 있습니다.

```
1   score = 75
2   if score >= 90:
3       print("합격입니다.")
4       print("축하합니다.")
5   else:  # 90이상이 아닌 경우(90미만) 실행
6       print("불합격입니다.")
7   print("수고하셨습니다.")
```

code 1_5_10

2번 줄에서, 점수가 90 이상이라면 3~4번 줄이 실행되고 else파트는 무시됩니다. 만약 점수가 90 이상이 아닌 90 미만이라면, 3~4번 줄은 무시되고 6번 줄이 실행됩니다.

그런데, 90 미만인 학생을 모두 불합격 통보하는 건 너무 잔인한 것 같습니다. 그래서 80 이상인 학생들에게 재시험의 기회를 주고 싶을 때는 **elif파트**를 사용하면 됩니다. else와 다르게 추가로 조건식을 작성합니다.

```
1   score = 88
2   if score >= 90:    # 90이상 이면 실행
3       print("합격입니다.")
4       print("축하합니다.")
5   elif score >= 80: # (90미만 이면서) 80이상이면 실행
6       print("재시험 응시!")
7   else:             # (80미만 이면) 실행
8       print("불합격입니다.")
9   print("수고하셨습니다.")
```

code 1_5_11

2번 줄에서, 점수가 90 이상이라면 3~4번 줄이 실행되고 elif 및 else파트는 무시됩니다. 만약 점수가 90 이상이 아니라면 3~4번 줄은 무시되고 5번 줄의 조건을 판단합니다. 80 이상이라면 6번 줄이 실행되고 else파트는 무시되고, 80 이상이 아니라면 6번 줄이 무시되고 8번 줄이 실행됩니다. 조건식은 좀 더 복잡하게 입력할 수 있습니다. 답안지 입력을 잘못해서 0점 처리된 학생도 재시험 응시를 하도록 코드를 입력합니다.

```
1  score = 0
2  if score >= 90:       # 90이상 이면 실행
3      print("합격입니다.")
4      print("축하합니다.")
5  elif score >= 80 or score == 0:  # 80이상 이거나 0점이면 실행
6      print("재시험 응시!")
7  else:                 # (80미만 이면) 실행
8      print("불합격입니다.")
9  print("수고하셨습니다.")
```

code 1_5_12

작업의 종류가 더 많다면, **elif파트를 추가하여 더 많은 분기를 설정**할 수 있습니다. 단, if와 else파트는 추가되지 않는다는 점에 주의하세요.

```
1  score = 88
2  if score >= 90:
3      print("A")
4  elif score >= 80:
5      print("B")
6  elif score >= 70:
7      print("C")
8  elif score >= 60:
9      print("D")
10 else:
11     print("F")
12 print("수고하셨습니다.")
```

code 1_5_13

기초다지기

? 입력받은 값을 정수로 변환하고, 음수를 입력받았을 경우에만 '오류!'가 출력되도록 프로그래밍하세요. 0 이상의 정상적인 값은 아무것도 출력되지 않아야 합니다.

💬 _____

? 점수 3개를 입력받아서 평균 60이상이면 '합격!'을 출력하고, 그렇지 않은 경우엔 '불합격!'을 출력하도록 프로그래밍하세요.

💬 _____

? 점수 3개를 입력받아서 평균 60이면서, 셋 중 가장 작은 값이 40미만이 아니면 '합격!'을, 그렇지 않은 경우엔 '불합격!'을 출력하도록 프로그래밍하세요.

💬 _____

? 2개의 정수를 입력받아서 큰 수에서 작은 수를 뺀 차이값이 20이상이면 '편차 큼'을 출력하도록 프로그래밍하세요. 입력 순서를 바꿔도 같은 결과가 나와야 합니다.

💬 _____

? 숫자 5개를 입력받고, 해당하는 곡 제목을 출력하도록 프로그래밍하세요.

> 89245-아로하(조정석)
> 99968-Downtown Baby(블루)
> 91936-흔들리는꽃들속에서네샴푸향이느껴진거야(장범준)
> 그외번호-아무노래(지코)

💬 _____

MEMO

PART I

- 반복제어문
- 함수
- 클래스

06

반복제어문

06

반복제어문

4장의 자료구조를 통해서 같은 유형의 데이터를 관리하는 법을 배웠고, 5장의 조건제어를 통해서 하나의 값을 여러 방향의 결과로 나타낼 수 있게 되었습니다. 6장에서는 반복제어문을 통해서 자료구조와 같이 여러 데이터에 **반복적인 프로그래밍이 가능**하도록 프로그램 하는 법을 배우게 됩니다. 어떻게 보면 본격적인 프로그래밍의 시작이라고 볼 수 있습니다. 본격적으로 코드도 길어지고, 코드의 로직도 점점 한눈에 들어오지 않는 단계죠..

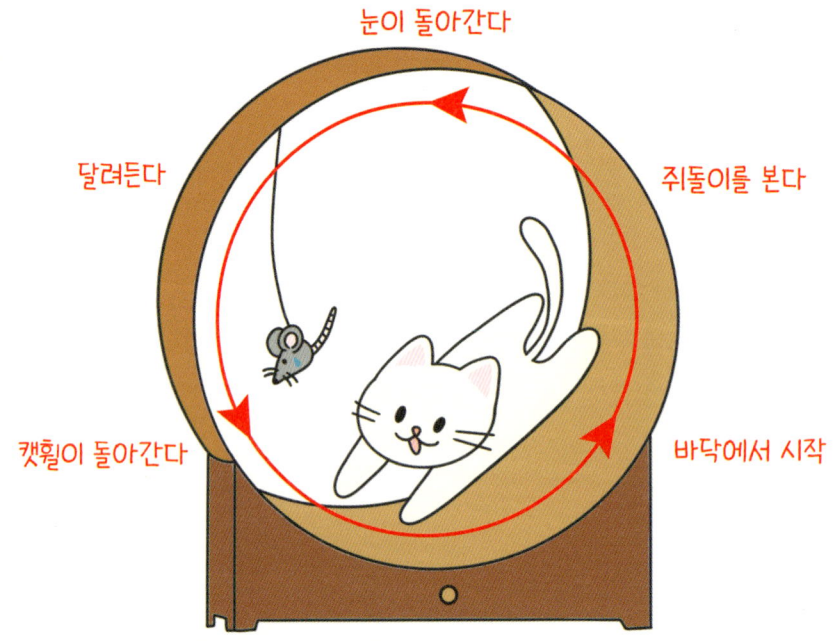

1 For

for문은 **특정 코드를 반복**할 수 있게 해주는 아주 유용한 기능을 가지고 있습니다. 아마 가장 많이 쓰이게 되는 기능 중 하나가 될 텐데요. 단계별로 천천히 살펴보도록 하겠습니다.

```
1  lst = [3, 6, 9]
2  for i in lst:
3      print(i)
```
code 1_6_1

이 코드는 **print함수**를 총 3번 반복합니다. 반복 횟수가 3번인 이유는, 1번 줄의 리스트 길이(항목 수)가 3이기 때문이죠. **리스트 길이가 길어지면, 반복 횟수 역시 늘어납니다.** 코드가 반복될 때마다, 리스트의 항목이 차례로 변수 i에 할당됩니다. 그 때문에 같은 문장이지만, i값이 변함으로써 다른 숫자가 출력될 수 있죠.

단순 반복 또는 지금처럼 일정 규칙이 있는 수열은 **range함수**로 생성하는 것이 더 간편합니다. 또한, 변수 i를 다른 이름으로 지정하거나, 지정 후에 사용하지 않아도 괜찮습니다.

```
1  for a in range(3, 10, 3):
2      print(a)
```
code 1_6_2

학생 5명의 점수를 리스트에 저장하고, 순서대로 출력해보겠습니다. 만약 for문이 없었다면, 리스트 길이만큼 **print함수**를 반복해야 하겠죠?

```
1  score = [80, 67, 90, 50, 78]
2  for i in score:
3      print(i)
```
code 1_6_3

학생들의 이름도 함께 출력하기 위해선, 인덱스를 활용하면 됩니다.

```
1  name = ['김똘똘', '박영재', '홍일등', '강천재', '한전교']
2  score = [80, 67, 90, 50, 78]
3  for i in range(5):
4      print(name[i], score[i])
```

code 1_6_4

만약, 여러분이 **zip함수**를 알고 있다면 다른 형태의 코드 디자인이 가능합니다. **zip함수**는, 인수로 넘겨받은 시퀀스들의 n번째 위치한 값들을 각각 튜플의 형태로 묶어서 리스트화시킵니다.

```
1  name = ['김똘똘', '박영재', '홍일등', '강천재', '한전교']
2  score = [80, 67, 90, 50, 78]
3  print(list(zip(name, score)))
4  for name, score in zip(name, score):
5      print(name, score)
```

code 1_6_5

4번 줄에서, 튜플로 넘어온 2개의 값(이름과 점수)을 각각 name과 score변수에 바로 할당하여 사용합니다. 어떤 것이 더 좋다는 개념보다, **문제를 해결하는 데는 여러 방법이 있다**는 것이 포인트입니다.

이번에는 점수를 단순히 출력하는 것이 아닌, 등급을 함께 출력해보겠습니다. for문의 안쪽(들여쓰기)에 if문을 가져오면 됩니다. 들여쓰기 레벨을 주의하세요! **zip함수**를 사용하지 않는 코드로 진행하겠습니다.

```
1   name = ['김똘똘', '박영재', '홍일등', '강천재', '한전교']
2   score = [80, 67, 90, 50, 78]
3   for i in range(5):
4       if score[i] >= 90:
5           grade = "A"
6       elif score[i] >= 80:
7           grade = "B"
8       elif score[i] >= 70:
9           grade = "C"
10      elif score[i] >= 60:
11          grade = "D"
12      else:
13          grade = "F"
14      print("{0}학생의 점수는 {1}점이고, 등급은 {2}입니다.".
15            format(name[i], score[i], grade))
```

code 1_6_6

코드가 길어질수록, 작업의 순서 역시 중요합니다. 14번 줄의 **print 함수**가 if문보다 위에 있었다면, 등급을 구하지 않은 상태에서 출력하게 되겠죠? 여러 작업을 진행할 때는, 항상 순서에 신경을 쓰도록 하세요! **코드가 한 줄에 너무 많이 적힐 때는, 구분자(.) 다음에서 줄 바꿈** 하여 가독성에 문제가 생기지 않도록 합니다.

같은 내용을 딕셔너리와 조합하면, 아래와 같습니다. 어떤 자료구조, 함수 등을 쓰느냐에 따라서 엄청나게 다양한 코드 디자인이 나올 수 있죠.

```
1   student = [{'이름':'김똘똘', '점수':80},
2              {'이름':'박영재', '점수':67},
3              {'이름':'홍일등', '점수':90},
4              {'이름':'강천재', '점수':50},
5              {'이름':'한전교', '점수':78}]
6   for i in student:
7       if i['점수'] >= 90:
8           grade = "A"
9       elif i['점수'] >= 80:
10          grade = "B"
11      elif i['점수'] >= 70:
12          grade = "C"
13      elif i['점수'] >= 60:
14          grade = "D"
15      else:
16          grade = "F"
17      print("{0}학생의 점수는 {1}점이고, 등급은 {2}입니다.".
18              format(i["이름"], i['점수'], grade))
```

code 1_6_7

6번 줄에서, student는 리스트지만, 그 안의 요소가 딕셔너리기 때문에 변수 i에는 딕셔너리가 할당되는 것이고, 그 때문에 key(문자열)로 접근이 가능한 것입니다.

이번엔 좀 더 복잡한 프로그램을 만들어보겠습니다. 우선, 10부터 100까지의 난수 10개로 리스트를 생성합니다. 이 리스트에서 33의 위치를 찾아보도록 하죠.

```
1   number = [55, 34, 81, 33, 28, 46, 70, 49, 14, 47]
2   key = 33
```

code 1_6_8

enumerate함수는, 인수로 넘어온 리스트의 **각각의 요소에 인덱스 값을 추가**하여 튜플로 묶어줍니다.

```
1   ...
2   print(list(enumerate(number)))
```
code 1_6_9

이를 이용해서, for문에서 인덱스와 숫자가 둘 다 출력될 수 있게 합니다. 실제로 출력을 할 필요는 없지만, 지금은 데이터 확인을 위해서 출력을 진행합니다. 데이터가 확인되면 **print함수**를 지우거나, 주석 처리하세요.

```
1   ...
2   for idx, value in enumerate(number):
3       print(idx, value)
```
code 1_6_10

value와 key를 비교하여 33을 찾고, 찾게 되면 해당 idx값을 출력하여 위치를 알아냅니다. **인덱스 값은 0부터 시작**하기 때문에, +1을 하여 현실의 기준과 맞춥니다.

```
1   ...
2   for idx, value in enumerate(number):
3       if value == key:
4           print("{0}은 {1}번째 위치에 있습니다".format(key, idx+1))
```
code 1_6_11

for문에도 else파트 작성이 가능합니다. for문에서의 **else는 반복작업(Loop)이 끝난 뒤에 딱 한 번 실행**됩니다.

```
1    ...
2    for idx, value in enumerate(number):
3        if value == key:
4            print("{0}은 {1}번째 위치에 있습니다".format(key, idx+1))
5    else:
6        print("작업이 완료되었습니다.")
```
code 1_6_12

4번 줄에서, 들여쓰기가 되어 있지 않다는 점을 주의하세요. 들여쓰기가 되어있다면 if문의 else 파트로 바뀝니다. 5번 줄이 실행되었다는 것은, **for문의 반복이 문제없이 끝났음**을 의미합니다.

그런데, 33을 찾고 나면 이미 목표를 이뤘기 때문에 for문이 계속해서 진행될 필요가 없습니다. 이럴 때는 **break문을 이용해서 for문을 즉시 벗어날** 수 있습니다. break문에 의해서 for문이 종료되면, 5번 줄이 실행되지 않습니다. 이를 응용하면 찾는 값이 없다는 메시지를 출력하는 기능을 구현할 수도 있죠.

```
1    number = [55, 34, 81, 33, 28, 46, 70, 49, 14, 47]
2    key = 50
3    for idx, value in enumerate(number):
4        if value == key:
5            print("{0}은 {1}번째 위치에 있습니다".format(key, idx+1))
6            break
7    else:
8        print("{0}은 존재하지 않습니다.".format(key))
```
code 1_6_13

이번에는 1부터 50까지의 수 중에서 11, 7, 3의 배수를 출력해보겠습니다. 배수를 판단하는 법은, 어떤 수를 해당 수로 나눴을 때 나머지가 0인 것, 즉 **A가 B로 나누어떨어질 때, A를 B의 배수**라고 합니다.

```
1   for n in range(1, 51):
2       if n % 11 == 0:
3           print("{0}:11의 배수입니다.".format(n))
4       if n % 7 == 0:
5           print("{0}:7의 배수입니다.".format(n))
6       if n % 3 == 0:
7           print("{0}:3의 배수입니다.".format(n))
```

code 1_6_14

결과를 보면 중복되어서 나타나는 숫자들이 있습니다. 33의 경우엔 11의 배수이면서 3의 배수이기도 하기 때문이죠. 42의 경우엔 7의 배수인 동시에 3의 배수입니다. 만약 이런 경우에, 가장 큰 숫자의 배수만 나타내고 싶다면 continue문을 사용하면 됩니다. continue문을 만나면, **그 아래에 있는 모든 코드를 무시하고 다음 반복작업을 진행**합니다.

```
1   for n in range(1, 51):
2       if n % 11 == 0:
3           print("{0}:11의 배수입니다.".format(n))
4           continue           # 5~10번 줄 무시
5       if n % 7 == 0:
6           print("{0}:7의 배수입니다.".format(n))
7           continue           # 8~10번 줄 무시
8       if n % 3 == 0:
9           print("{0}:3의 배수입니다.".format(n))
10          continue           # 마지막은 생략해도 됨
```

code 1_6_15

간단한 프로그램의 경우엔, elif를 사용하여 continue와 같은 기능을 구현할 수 있습니다. 이 둘의 차이는 이후에 천천히 다루도록 하겠습니다. 지금은 break와 continue의 차이점 정도만 숙지해 주세요.

2 While

for문과 같이 while문도 반복을 위해서 사용합니다. 같은 반복이지만, while문은 **반복 횟수**를 지정하지 않고, **반복의 기준**을 정해서 진행합니다. 기준을 정할 때는 조건식을 이용합니다.

이전에 점수를 입력받아 합격여부를 나타냈던 코드 기억하시나요?

```
1   score = int(input())
2   if score >= 90:
3       print("합격입니다.")
4   elif score >= 80:
5       print("재시험 응시!")
6   else:
7       print("불합격입니다.")
```

code 1_6_16

위 코드를 while문으로 감싸면, 반복해서 값을 입력받고 합격 여부를 판단할 수 있습니다. 0부터 100사이의 정상적인 점수가 입력된다면, 계속해서 진행할 수 있도록 해볼까요? if와 for과 마찬가지로, while문 역시 들여쓰기로 지역을 구분합니다.

```
1   score = int(input())
2   while 0 <= score <= 100:
3       if score >= 90:
4           print("합격입니다.")
5       elif score >= 80:
6           print("재시험 응시!")
7       else:
8           print("불합격입니다.")
9       score = int(input())
```

code 1_6_17

이 코드에는 약간의 불편함이 있습니다. score변수의 할당이 1번 줄과 9번 줄에서 중복으로 진행된다는 점이죠. **프로그래머는 똑같은 코드를 여러 번 적는 것을 몹시 싫어해야 합니다.** 이러한 문제가 발생하는 가장 큰 이유는 반복구조(진행 순서)에 있습니다. 정상적인 반복 구조라면, "입력-종료분기(반복이 종료되는 조건식)-합격판단"이 반복되어야 하는데 2번 줄의 종료분기의 위치가 고정되어 있어서 실제 while문의 시작은 입력이 아니라 종료분기죠. 때문에 while문 패턴에 앞서 입력코드를 한 번 더 적게 되는 겁니다.

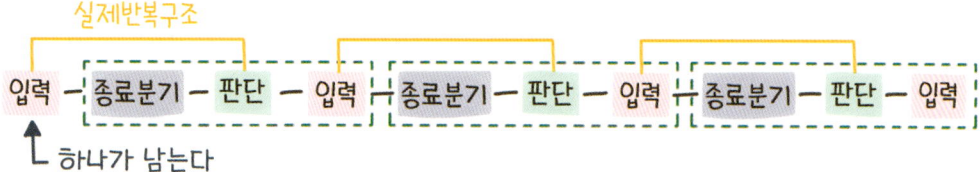

while문의 반복 구조를 현실적인 반복 구조와 같게 하는 방법은 True와 break를 이용하는 겁니다. **조건식을 넣는 자리에 True**를 넣게 되면 조건식의 결과가 무조건 참(True)이 되기 때문에 **무한 반복**이 시작됩니다. 이때 적절한 위치에 if와 break를 사용하면 무한 반복을 끝낼 수 있게 되는데, 이때 주의할 점은, 조건식이 정반대로 작성되어야 한다는 것입니다. while의 조건식은 **"조건에 만족하는 동안 반복"**의 의미이지만, break의 조건식은 **"조건에 만족하면 종료"**의 의미기 때문이죠.

```
1   while True:
2       score = int(input())
3       if score < 0 or score > 100:
4           break
5       if score >= 90:
6           print("합격입니다.")
7       elif score >= 80:
8           print("재시험 응시!")
9       else:
10          print("불합격입니다.")
```

code 1_6_18

반복 구조에는 반복에 영향을 주는 변수가 필요합니다. 위 코드에서는 score가 그 역할을 하는데, 반복하는 동안 주기적으로 값이 변하고 조건식에 영향을 주면서 **반복을 끝낼 수 있는 키**를 가지고 있는 것이죠.

3 20번째 소수 구하기

소수(prime number)라는 건 **'1과 자기 자신만을 약수(나누어떨어지는 수)로 가지는 수'**를 말하죠? 반복문을 통해 어떤 자연수기 소수인지 판단하고, 또 20번째 소수는 몇인지 알아보도록 하겠습니다. 이 프로그램을 함께 개발하면서, 지금까지 배운 것들을 어떻게 적용하는지 이해하실 수 있을 겁니다.

어디까지 반복해야 할까?

지금 우리가 구해야 할 수는 20번째 자연수가 아닌, 소수입니다. 첫 번째 소수는 2지만, 20번째 소수가 몇인지는 알 수 없는 상태죠. **반복의 끝(횟수)을 알 수 없기 때문에 for문이 아닌 while문을 사용**합니다. 반복 중에 소수를 찾을 때마다 카운팅을 해서 그 횟수가 20이 되면 종료하면 되는데, 그렇다면 현재 소수의 개수를 저장할 변수가 필요하겠죠? 우리는 prime_cnt변수를 통해서 소수의 개수를 저장하고, chk_num변수를 1씩 증가시키면서 소수판단을 진행하도록 하겠습니다.

```
1  prime_cnt = 0
2  chk_num = 2              # 소수는 2부터 시작
3  while True:
4      prime_cnt += 1       # 소수일때 증가
5      if prime_cnt == 20:
6          break
7      chk_num += 1         # 매번 증가
```

code 1_6_19

소수를 판단하는 방법은?

소수를 판단할 때는, **2부터 chk_num -1까지의 자연수로 chk_num이 나누어떨어지는지를 확인**하면 됩니다. 예를 들어 6이라면, 2부터 5까지의 정수로 나눠보는 것이죠. 그런데 나누어떨어집니다. 그렇다면 6은 소수가 아닙니다. 7역시 2부터 6까지의 정수로 나눠볼 수 있는데, 여기서는 나누어떨어지는 수가 없습니다. 그렇다면 7은 소수입니다.

```
1   prime_cnt = 0
2   chk_num = 2                          # 소수는 2부터 시작
3   while True:
4       for i in range(2, chk_num):      # chk_num전 까지 진행 됨
5           if chk_num % i == 0:         # 나누어 떨어지는지 확인
6               break                    # for문 종료
7       else:                            # break 안걸릴 때만 실행
8           prime_cnt += 1               # 소수일때 증가
9           print("{0}는 {1}번째 소수입니다."
10                 .format(chk_num, prime_cnt))
11      if prime_cnt == 20:
12          break
13      chk_num += 1                     # 매번 증가
```

code 1_6_20

7번 줄에서 else의 위치를 유심히 살펴보세요. if문의 else가 아닌 for문의 else입니다. for문이 break를 만나지 않을 때, 즉 for문 안에서 나누어떨어지는 수가 하나도 없을 때만 진행되는 파트입니다. 소수를 발견했을 때 필요한 작업을 넣기에 아주 적당한 곳이죠?

좀 더 완벽한 프로그래밍이란?

대부분의 프로그래밍에 딱 **정해진 정답은 없습니다.** 효율과 비효율이 있을 뿐이죠. 여러분이 어떤 작업을 하고 싶은지에 따라 달라집니다. 조금 전 코드에서도, 각 자연수마다 **print함수**를 붙였을 수도 있고, 마지막 소수만 딸랑 출력할 수도 있었습니다. 사실 나눠보는 것도 절반까지만 나누거나, 제곱근까지만 나눠도 소수판단이 가능하죠. **조건식의 패턴 하나만 바뀌어도 프로그램 전체 구조가 달라지기도 합니다.**

프로그래머는 반복을 싫어해야 한다고 했죠? 또한 프로그래머는 항상 **"왜?"** 라는 고민을 해야 합니다. 책 또는 인터넷에 나타나 있는 코드 전체를 그대로 베껴서 프로그래밍하는 습관을 들이지 마시고, 필요한 작은 부분을 찾아보되 "왜 조건식을 이렇게 적었지?", "좀 더 효율적인 방법이 없을까?"라는 고민을 항상 하며 나만의 코드로 바꿔 적용하는 프로그래머가 되셨으면 합니다.

기초다지기

❓ 정수를 입력받아서 1부터 입력받은 정수까지 차례대로 1씩 증가하여 출력하도록 프로그래밍 하세요.

💬 _____

❓ 8, 9, 13, 14, 2, 5, 60, 32, 33을 리스트에 추가하고, 추가했던 수에 대하여 홀수와 짝수의 개수를 출력하는 프로그래밍하세요.

💬 _____

❓ 0이 입력될 때까지 정수를 계속 입력받아 4의 배수들의 개수를 출력하도록 프로그래밍하세요.

💬 _____

❓ 5개의 숫자를 입력받아 합계와 평균을 계산하여 출력하도록 프로그래밍하세요.

💬 _____

❓ 10 이하의 숫자를 입력받아서 입력받은 수 만큼의 소수를 출력하도록 프로그래밍하세요(소수는 2부터 시작합니다).

💬 _____

❓ 2부터 9 사이의 숫자를 입력받아 구구단을 아래와 같이 출력되도록 프로그래밍하세요(아래는 2를 입력했을 경우의 예시입니다).

```
2 * 1 = 2
2 * 2 = 4
⋮
2 * 8 = 18
```

💬 _____

MEMO

PART I

- 함수
- 클래스

07

함수

07

함수

여러분이 레스토랑에 가면, 주문할 수 있는 메뉴와 주문할 수 없는 메뉴가 있습니다. '스테이크'는 주문이 가능하지만, '청국장'은 주문이 불가능합니다. 스테이크는 준비가 되어 있지만, 청국장은 미리 준비되어 있지 않은 요리이기 때문이겠죠? 이렇듯 함수는 '약속된 기능'입니다. 특정 기능을 미리 정의해두고, **필요할 때마다 해당 기능을 호출**하여 사용하는 것이죠.

조건제어문을 이용하면 배고플 때만 식사를 하고 배가 고프지 않다면 식사를 안 할 수 있습니다. 반복문을 이용하면, 여러 번의 식사를 반복할 수 있죠. 그런데 문제가 생깁니다. 우리가 식사를 계속하는 것은 맞지만, 한 번에 그 많은 식사를 다 하진 않는다는 것이죠. 반복은 하고 싶지만, 그 반복을 한 번에 다 하는 게 아닌, 필요할 때만 하도록 하는 것. 이것이 바로 함수의 개념입니다.

1 표준 라이브러리

제곱근을 구하는 법에 대해서 알고 계시나요? 여러 방법이 있겠지만, 그중 하나인 바빌로니아법을 사용하여 구현하면 제곱근을 구할 수 있습니다. 이론적인 부분에 내해서는 따로 언급하지 않는게 좋겠죠? 아무튼 만약 이 빙법을 좀 더 빨리 알았더라면 6장의 소수판별 프로그램이 조금 더 효율적으로 작동할 수 있었을 겁니다.

```
1  n = 144
2  x = 1
3  for _ in range(10):
4      x = (x + n / x) / 2
5  print(x)
```

code 1_7_1

위 코드는 144의 (양의)제곱근을 계산하고 있습니다. 이처럼, 컴퓨터의 계산능력을 이용해서 특정 공식이나 계산절차를 적용하여 원하는 값을 구할 수 있습니다. 그런데 조금은 더 쉬운 방법이 있습니다. 누군가 **이미 만들어둔 코드를 가져오는 것**이죠.

```
1  import math
2  print(math.sqrt(144))
```

code 1_7_2

파이썬에는 특정 기준에 따라 다양하게 분류된 모듈이 존재합니다. 모듈이란, **여러 기능을 독립적으로 재사용할 수 있게끔 모아둔 '부품'**정도로 생각하시면 되는데요. 1번 줄을 보면, math모듈을 import키워드를 사용하여 프로그램 내부로 가져오고 있습니다. 이제 이 코드에서는 math모듈의 모든 기능을 사용할 수 있습니다. 2번 줄에서, math모듈의 **sqrt메소드**를 호출하여 제곱근을 간편하게 구하고 있습니다.

단, **코드가 간편해졌다고 해서 무조건 처리 속도가 빠르다고 할 수는 없습니다.** 코드를 직접 작성하지 않고 외부 메소드를 불러왔어도, 해당 메소드 안에서는 그 코드와 비슷한 기능의 코드가 프로그래밍 되어 있을 테니까요. 그래도 좀 더 효율적인 프로그래밍이 되어 있을 테니까 웬만해서는 가져다 쓸 수 있다면 가져다 쓰는 것이 이익인 경우가 많습니다. 이러한 모듈을 모아둔 것을 **라이브러리**라고 부릅니다. 파이썬에 기본적으로 포함된 모듈은 수십 가지가 넘습니다. 앞으로 프로그래밍을 하면서, 가능하다면 라이브러리를 이용해서 프로그래밍을 진행하도록 하겠습니다.

```python
import math

prime_cnt = 0
chk_num = 2                                 # 소수는 2부터 시작

while True:
    end_num = int(math.sqrt(chk_num))
    for i in range(2, end_num):             # chk_num전 까지 진행 됨
        if chk_num % i == 0:                # 나누어 떨어지는지 확인
            break                           # for문 종료
    else:                                   # break 안걸릴 때만 실행
        prime_cnt += 1                      # 소수일때 증가
        print("{0}는 {1}번째 소수입니다."
              .format(chk_num, prime_cnt))
    if prime_cnt == 20:
        break
    chk_num += 1                            # 매번 증가
```

code 1_7_3

2 함수

1) 함수의 정의와 호출

새로운 함수를 만들 때는 **def키워드를 사용**하면 됩니다. 함수명은 함수호출에 사용되며, snake_case형태로 이름을 정하는 것을 추천합니다. 다른 제어문들과 마찬가지로, 함수 역시 **들여쓰기로 영역을 구분**합니다. 함수작성이 끝나면, 아래에 2줄의 빈 줄을 넣어서 다른 코드와 구분하도록 해야 하는데(권장사항), 책에서는 지면 관계상 한 줄만 띄어두도록 하겠습니다.

```python
1  # 함수정의
2  def 함수명():
3      print("함수 실행 됨!")
4
5  # 함수호출
6  함수명()
```

code 1_7_4

2) 매개변수가 필요한 함수

1부터 10까지의 제곱수를 구하는 프로그램을 생각해볼까요? 연속적인 값에 대한 코드는 for문을 이용하면 쉽게 구현할 수 있습니다. 제곱수는 같은 수를 2번 곱하면 되는데, 단순 표현식으로 나타낼 수도 있고 import를 사용해서 제곱 기능이 가능한 메소드(pow)를 가져올 수도 있습니다. **모듈에 있는 특정 메소드만 불러오고 싶을 때는** [from 모듈 import 메소드] 형태로 사용하면 됩니다.

```python
1  # math모듈에 있는 pow메소드를 사용
2  from math import pow
3
4  for i in range(1, 11):
5      # print(i * i)
6      print(pow(i, 2))    # i의 제곱수를 출력
```

code 1_7_5

그런데, 만약 비연속적인 값들에 대한 제곱수를 구해야 할 때는 for문을 사용할 수 없기 때문에, 코드가 불필요하게 길어지고 반복되겠죠.

```python
from math import pow

print(pow(4, 2))
print(pow(7, 2))
print(pow(3, 2))
print(pow(9, 2))
print(pow(12, 2))
print(pow(5, 2))
```

code 1_7_6

반복적인 코드는 함수로 만들고, 변동 가능성이 있는 부분은 호출 과정에서 값을 넘겨주는 방식으로 구조를 잡아줍니다. 이때, **넘겨주는 값을 인수(argument)**라고 하고, 함수에서 **인수를 받아들이는 공간을 매개변수(parameter)**라고 부릅니다.

```python
from math import pow

def sq_num(num):    # num <- 매개변수
    print(pow(num, 2))

sq_num(4)     # 4 <- 인수
sq_num(7)     # 7 <- 인수
sq_num(3)     # 3 <- 인수
sq_num(9)     # 9 <- 인수
sq_num(12)    # 12 <- 인수
sq_num(5)     # 5 <- 인수

```

code 1_7_7

별 차이 없는데요?

앞서 배웠던 소수 체크 프로그램과 같이 반복되는 코드가 여러 줄이 있는 경우를 상상해보세요. 정의된 코드가 여러 줄이라도 호출은 단 한 줄로 이뤄집니다.

3) 반환값이 필요한 함수

함수영역에서 코드 진행이 끝나면 자연스럽게 함수가 종료됩니다. 그런데 return을 사용하여 **특정 지점에서 함수를 종료**할 수도 있습니다. 예를 들면, 점수를 3개 입력받아 평균을 계산하여 합격 여부를 판단하는 함수에서, 음수를 입력했을 때 계산 없이 함수를 종료시키는 거죠.

```python
1   def avg_score(scr1, scr2, scr3):
2       if min(scr1, scr2, scr3) < 0:
3           print("음수는 계산할 수 없습니다")
4           return      # 함수종료
5       score = (scr1+scr2+scr3)/3
6       if score >= 80:
7           print("합격입니다.")
8           print("축하합니다.")
9       else:
10          print("불합격입니다.")
11      print("수고하셨습니다.")
12
13  avg_score(60, -40, 50)
```

code 1_7_8

평균을 계산하는 방법이 딱 한 가지만 있는 것은 아니죠. 과목별로 가중치를 두어서 계산하는 방법도 있습니다. 함수를 하나 더 만들어 볼까요?

```
1   def weight_score(scr1, scr2, scr3):
2       if min(scr1, scr2, scr3) < 0:
3           print("음수는 계산할 수 없습니다")
4           return       # 함수종료
5       score = scr1*0.3 + scr2*0.4 + scr3*0.3
6       if score >= 80:
7           print("합격입니다.")
8           print("축하합니다.")
9       else:
10          print("불합격입니다.")
11      print("수고하셨습니다.")
12
13  def avg_score(scr1, scr2, scr3):
14      ...
15
16  avg_score(60, -40, 50)
17  weight_score(60, 70, 50)
```

code 1_7_9

두 함수를 살펴보면, 합격을 체크하는 부분과 올바른 값이 넘어왔는지 판단하는 부분이 중복되어 있는 것을 확인할 수 있습니다. 반복되는 부분을 없애기 위해서는 또 다른 함수를 만들어야 하겠죠? 합격을 체크하는 함수 같은 경우엔 단순 출력이기 때문에 문제가 없지만, 음수를 판단하는 경우엔 판단 결과를 **score함수**에서 다시 넘겨받아야 정상적인 진행이 가능해집니다. 이때 필요한 요소가 바로 반환값입니다. return과 함께 값을 입력(정확하게는 표현식)하면, **함수가 종료되면서 호출했던 위치로 해당 값을 넘겨**줍니다.

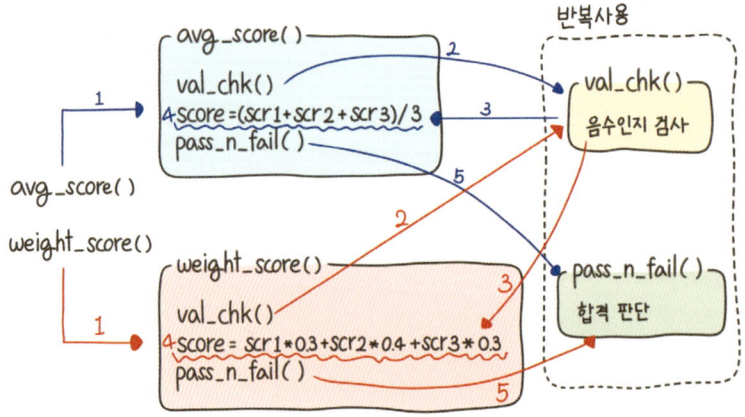

```
1   def avg_score(scr1, scr2, scr3):
2       # val_chk의 결과가 ture일 때만 실행
3       if val_chk(scr1, scr2, scr3):
4           score = (scr1 + scr2 + scr3) / 3
5           pass_n_fail(score)
6
7   def weight_score(scr1, scr2, scr3):
8       # val_chk의 결과가 ture일 때만 실행
9       if val_chk(scr1, scr2, scr3):
10          score = scr1*0.3 + scr2*0.4 + scr3*0.3
11          pass_n_fail(score)
12
13  def val_chk(scr1, scr2, scr3):
14      # 셋 중 가장 작은 값이 0 이상이면 true를 반환
15      # 그렇지 않으면(0 미만이면) false를 반환
16      return min(scr1, scr2, scr3) >= 0
17
18  def pass_n_fail(score):
19      if score >= 80:
20          print("합격입니다.")
21          print("축하합니다.")
22      else:
23          print("불합격입니다.")
24      print("수고하셨습니다.")
25
26  avg_score(60, -40, 50)
27  weight_score(60, 70, 50)
```

code 1_7_10

여러 형태의 함수

함수는 정말 다양한 형태가 존재합니다. 지금 보고 계신 형태보다 훨씬 어려운 함수들은 앞으로 배우게 될 좀 더 어려운 기술들과 함께 쓰이는 경우가 많습니다. 때문에, 지금 억지로 만든 예제를 공부하는 것보다는 PART 2에서 배우게 될 기술들과 자연스러운 응용을 통해 배울 수 있도록 책을 구성하였습니다.

기초다지기

❓ 문자열과 숫자를 인수로 받아서 문자열을 숫자만큼 반복 출력하는 함수를 작성하세요.

💬 _____

❓ 2개의 정수를 인수로 받고, 아래의 조건을 만족하는 함수를 작성하세요.

> 모든 인수가 음수인 경우, 함수를 종료
> 하나의 인수가 음수인 경우, 양수로 변환
> 큰 수에서 작은 수를 뺀 차이 값을 출력

💬 _____

❓ 5개의 임의의 숫자를 입력 받고, 가장 큰 수를 출력하는 함수를 작성하세요.

💬 _____

❓ 1부터 입력받은 수 사이에, 완전수의 개수를 파악하여 출력하는 함수를 작성하세요(완전수: 자기 자신을 제외한 약수의 합이 자기 자신과 같은 수. 예를 들어 6의 약수는 1, 2, 3, 6 이고, 1+2+3 = 6 이므로 완전수 이다).

💬 _____

❓ 반지름을 입력받아 원의 넓이와 둘레를 출력하는 함수를 작성하세요.

💬 _____

❓ 자연수 3개를 입력받아 각각 2, 3, 4를 곱한 뒤에 각 숫자의 1의 자리들만 더한 결과를 출력하는 함수를 작성하세요.

💬 _____

PART I

- 클래스

08

클래스

08

클래스

파이썬은 **객체 지향 프로그래밍 언어**입니다. 현실에서 객체라는 것은, 우리가 구분할 수 있는 일반적인 대상을 의미합니다. 예를 들어 자동차도 객체가 될 수 있고, 타이어도 객체가 될 수 있는 거죠. 이렇게 구분된 객체들이 서로 커뮤니케이션을 하면서 진행되는 방식의 프로그램을 바로 객체 지향이라고 합니다.

이러한 객체들이 가지게 되는 데이터 구조와, 이 데이터들을 제어할 수 있는 메소드들을 한데 묶은 설계도를 클래스라고 하는데요. 이 클래스를 통해서 수많은 객체를 생성하고 제어할 수 있게 되는 것이죠. PART 1의 마지막 장에서는 클래스를 통해 구현하는 객체 지향 프로그래밍의 기초 개념에 관해서 공부해보겠습니다.

1 클래스 정의와 객체 생성

클래스의 정의 역시 함수처럼 간단합니다. def 대신 **class키워드**를 사용하고, 클래스명은 snake_case가 아닌 **CamelCase(단어의 첫 문자만 대문자)**로 지정합니다. 또한 마찬가지로 들여쓰기를 통해 지역을 구분하겠죠?

아직은 채울 내용이 없기 때문에, **pass키워드**를 사용하면 해당 구역이 특별한 내용이 없어도 오류 없이 넘어갈 수 있습니다. 함수나 반복제어문에서도 사용 가능합니다.

```
1  class ClassicCar:
2      pass
```
code 1_8_1

객체를 생성할 때는, 함수를 호출할 때처럼 **클래스명을 호출**하면 됩니다. 생성한 객체를 핸들(제어) 할 수 있도록 변수를 지정하여 객체를 바로 할당해 주도록 하세요. 함수와 마찬가지로 클래스 작성이 끝나면 2줄을 비워야 하지만(권장사항), 지면 관계상 한 줄만 띄어두고 진행하도록 하겠습니다.

```
1  class ClassicCar:
2      pass
3
4  father = ClassicCar()
5  uncle = ClassicCar()
```
code 1_8_2

코드를 보면, ClassicCar라는 설계도(클래스)에 의해 생성된 객체들이 각각 father와 uncle변수에 할당되는 것을 확인할 수 있습니다. 앞으로 이 **변수들을 통해서 해당 객체를 핸들** 할 수 있는 것이죠. 같은 클래스에서 생겨난 객체지만, 아빠와 삼촌은 서로 다른 객체를 가지고 있다는 점에 주의하세요!

특정 클래스에서 생성된 객체를 부를 때, **인스턴스(instance)**라는 용어를 사용합니다. father객체는 father변수에 할당된 ClassicCar클래스의 인스턴스와 같습니다.

2 메소드 정의와 호출

클래스 내부에는 자료구조와 메소드를 포함시킬 수 있습니다. 메소드를 정의할 때는 **첫 번째 매개변수에 self를 지정**해야 합니다. 파이참에서는 메소드를 정의할 때 자동으로 self를 지정해 줍니다.

```
1   class ClassicCar:
2       def drive(self):
3           print("수동 운전 모드!")
4
5   father = ClassicCar()
6   father.drive()
```

code 1_8_3

1) self

객체를 통해서 호출하는 메소드는 기본적으로 **자기 자신**이 인수로 지정됩니다. 6번 줄에서, drive를 호출할 때 아무것도 적혀 있지 않지만, father객체 자신을 자동으로 넘겨주고 있는 것이죠. 실제로 메소드의 self를 지우면 오류가 발생합니다.

```
1   class ClassicCar:
2       def drive():        # 에러!
3           print("수동 운전 모드!")
4
5   father = ClassicCar()
6   father.drive()          # 객체 자신을 인수로 넘겨주고 있음
```

code 1_8_4

self는 객체 자신을 의미합니다. self가 무조건 붙는 이유는 클래스의 구성을 보면 알 수 있습니다. 클래스는 **자료구조(속성)와 이것을 제어할 수 있는 메소드**로 이루어져 있습니다. 때문에 **메소드밖에 있는 멤버들에 접근할 수단**이 필요한데, 이것이 바로 self인 것이죠. 클래스 내부와 메소드 내부에 각각 같은 이름의 변수가 있다면, self를 붙여야 클래스 변수에 접근할 수 있습니다.

```
1   class ClassicCar:
2       color = "빨간색"
3
4       def test(self):
5           color = "파란색"
6           print("color = ", color)
7           print("self.color = ", self.color)
8
9   father = ClassicCar()
10  father.test()
```

code 1_8_5

외부에서 클래스 내부의 데이터에 접근할 때는 객체변수가 self의 역할을 대신합니다. 따라서 클래스 외부에서 self를 사용하는 일은 없습니다.

```
1   class ClassicCar:
2       color = "빨간색"
3
4       def test(self):
5           color = "파란색"
6           print("color = ", color)
7           print("self.color = ", self.color)
8
9   father = ClassicCar()
10  father.test()
11  father.color = "검은색"
12  father.test()
```

code 1_8_6

2) 생성자 메소드

메소드 중 생성자의 역할을 하는 메소드가 있습니다. 생성자는 객체가 생성될 때, 단 **한 번만 자동으로 호출**되는 메소드이며 임의로 다시 호출할 수 없습니다. 보통 객체를 생성하면서 초기에 필요한 데이터를 할당하는 데 사용하죠. 생성자 메소드의 이름은 따로 지정하지 않고 **정해진 이름(__init__)을 사용**해야 합니다.

```
1   class ClassicCar:
2       def __init__(self, color):    # 생성자 메소드
3           # 클래스 변수 color에 매개변수 color 할당
4           self.color = color
5
6       def test(self):
7           print(self.color)
8
9   father = ClassicCar("빨간색")
10  father.test()
11  father.color = "검은색"
12  father.test()
```

code 1_8_7

생성자 역시 메소드기 때문에 첫 매개변수는 변함없이 self입니다. self 이후의 매개변수 들은 객체를 생성할 때 인수로 넘겨준 값을 받아오는 정상적인 용도로 사용됩니다. 즉, 앞으로는 객체를 생성할 때, 반드시 인수를 넘겨줘야 합니다.

3) LEGB Rule

함수, for, if, 클래스, 메소드 등 코드 내 별도의 구역이 많아지게 되면 변수의 생존범위(scope)에 대해서 알아둘 필요가 있습니다. 서로 다른 지역에 같은 이름의 변수가 존재한다면, 어떤 영역의 변수를 참조하게 되는지에 대한 우선순위가 정해져 있고, 이 영역의 앞 글자를 따서 LEGB Rule 이라고 부르게 되었습니다.

Local

변수는 기본적으로 같은 들여쓰기 라인에 있는 **같은 지역**을 우선하여 접근합니다.

```
1  def test():
2      a = 10     # test메소드의 지역 변수
3      print(a)
4
5  print(a)       # test메소드를 벗어났으므로 에러!
```

code 1_8_8

Enclosed

파이썬에서는 함수(outer)안에 또 다른 함수(inner)를 정의할 수 있습니다. 두 영역(outer와 inner)에 같은 변수가 존재한다면 local인 inner영역의 변수를 참조(접근, 가져옴)하지만, 만약 inner함수 안에 해당 변수가 없다면 **자신이 속해 있는 outer함수 영역(Enclosed)** 안에 존재하는 변수를 참조합니다.

```
1   def test():
2       color = "파란색"      # sub_test의 Enclosed영역
3       cc = 500
4
5       def sub_test():
6           cc = 700
7           print(cc)         # local영역에 있는 700 출력
8           print(color)      # local영역에 color가 없음으로 Enclosed 참조
9
10      sub_test()
11
12  test()
```

code 1_8_9

Global

변수가 함수 밖(들여쓰기가 하나도 안 된)에서 선언된 경우, 이 변수는 자신의 라인과 그 이하의 레벨(들여쓰기가 된) **어디서든 참조**할 수 있습니다. local과 Enclosed 다음 순위로 참조 가능하지만, 어디서든 참조 가능하다는 것은 그만큼 오남용의 위험성 역시 크다는 것이기 때문에 자주 사용하지 않는 것이 좋습니다.

```
1   color = "파란색"      # global 영역
2
3   def test():    # sub_test의 Enclosed 영역
4
5       def sub_test():
6           print(color)    # Enclosed까지 없으면 global 참조
7
8       sub_test()
9
10  test()
```

code 1_8_10

Built-In

가장 범위가 큰 scope입니다. 파이썬 내장 함수 및 속성들이 해당 scope를 가지게 되는데, 따로 선언하지 않아도 모든 파이썬 코드에서 유효한 범위를 가집니다. **print함수**나 **min함수** 등은 Built-In scope기 때문에, 이 함수를 사용하기 위해서 따로 모듈을 가져올 필요가 없습니다.

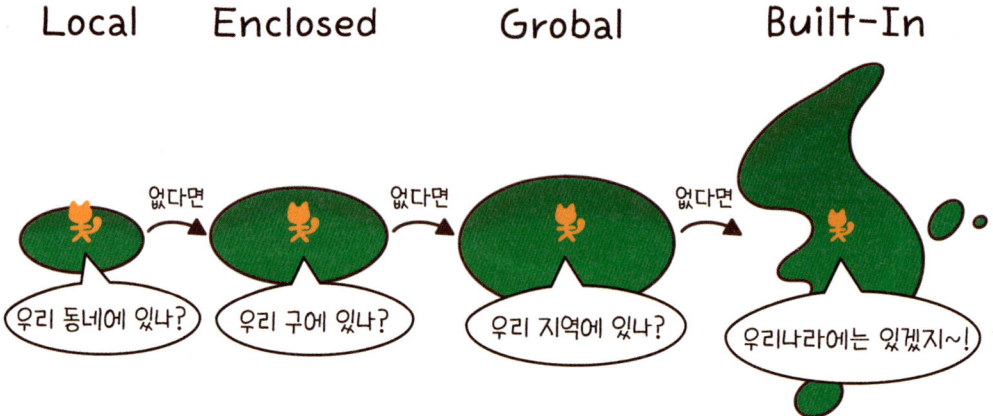

3 클래스 실습

지금까지 배운 내용을 토대로 간단한 게임 캐릭터를 클래스로 디자인해 보겠습니다. 온라인 게임을 해보신 분들은 '기사'라는 직업을 알고 계실 텐데요. 우리가 알고 있는 개념이 어떻게 코드화되어가는지 함께 배워보도록 하겠습니다.

데이터 구조 세팅

우선 클래스명은 CamelCase로 지정합니다. 기사의 영어 이름인 Knight가 적당하겠네요. 이 기사 클래스가 가지게 될 데이터들은 이름과 체력, 공격력 및 방어력, 공격의 종류와 물약의 개수 정도만 세팅하도록 하겠습니다. 생성자 메소드를 이용하여 객체가 생성될 때 각각의 변수에 적당한 값이 할당되도록 해볼까요?

```
1   class Knight:
2       def __init__(self, name):
3           self.name = name
4           self.hp = 100
5           self.mp = 20
6           self.attack_type = "근접"
7           self.attack = 30
8           self.armor = 10
9           self.potion_cnt = 3
10
11  k1 = Knight("길동")
12  k2 = Knight("철수")
```

code 1 8 11

피격 및 사망 메소드

공격자 객체를 인수로 받아서 피격자 객체의 체력을 깎는 메소드를 정의해보겠습니다. 게임에서 가장 중요한 기능 중 하나인데, 지금 실습에서는 몇 가지 요소만 추려서 구현합니다. 첫째로, 공격 타입에 따라 데미지가 가중될 수 있고, 방어력 수치만큼 데미지를 상쇄시킵니다. 공격당한 정보를 출력하고, 만약 체력이 0이 되면 사망했다는 메시지 또한 출력할 수 있도록 디자인해 보겠습니다.

```
1   class Knight:
2       ...
3       def under_attack(self, attacker):
4           # 공격타입이 마법일 경우엔 20% 데미지 가중
5           if attacker.attack_type == "마법":
6               multiple = 1.2
7           else:
8               multiple = 1
9
10          # 공격력 * 가중치 - 방어력
11          damage = attacker.attack * multiple - self.armor
12          self.hp -= damage
13          print("{0}:{1}님의 공격({2})에 의해 HP[{3}]".format(
14              self.name, attacker.name, damage, self.hp
15          ))
16
17          # 체력이 0이 된 경우, 사망 메시지 출력
18          if self.hp <= 0:
19              print("{0}님이 {1}님에의해 사망했습니다.".format(
20                  self.name, attacker.name
21              ))
```

code 1_8_12

공격 메소드

공격 메소드는 상대 객체의 체력이 0보다 큰 경우에만 진행할 수 있도록 설정합니다. 상대 객체를 인수로 받아서 체력을 체크한 뒤에 상대 객체의 **under_attack메소드**를 호출하죠. 상대 객체의 메소드를 호출하는 이유는, 공격이라는 행위가 상대방의 체력(데이터)을 변경해야 하기 때문입니다. 이 메소드는 공격자 객체를 인수로 받고 있기 때문에 자기 자신을 객체로 넘겨줍니다.

```python
class Knight:
    ...
    def attack_to(self, target):
        # 공격 대상의 체력이 0 이상일 때만 실행
        if target.hp > 0:
            print("{0}님이 {1}님을 공격합니다.".format(
                self.name, target.name
            ))
            # 공격 대상의 피격 메소드 호출
            target.under_attack(self)
```

code 1_8_13

특수기술 메소드

공격대상을 연속 3회 공격하는 메소드를 정의해보겠습니다. 이 특수기술은 mp를 20 소모하기 때문에, 자신의 mp가 20 이상 있는지 체크할 필요가 있고요. 기술 사용 메시지를 출력 후, **under_attack메소드**를 연속 3회 호출하면 됩니다.

```python
class Knight:
    ...
    def triple_attack(self, target):
        # mp가 20 이상일 때만 사용가능
        if self.mp >= 20:
            self.mp -= 20
            print("{0}님이 {1}님을 3회 공격합니다.".format(
                self.name, target.name
            ))
            # 공격 대상의 under_attack메소드 3회 호출
            for i in range(3):
                target.under_attack(self)
```

code 1_8_14

테스트

코드 구성이 끝났으니 객체를 생성하고 메소드를 호출하여 기대하는 결과가 나타나는지 확인할 차례입니다. 지금 코드는 기초 다지기 문제에서 다시 사용됩니다.

```
1  class Knight:
2      ...
3
4  k1 = Knight("길동")
5  k2 = Knight("철수")
6
7  k1.attack_to(k2)
8  k1.attack_to(k2)
9  k2.attack_to(k1)
10 k1.triple_attack(k2)
11 k1.attack_to(k2)

7:k1.attack_to(k2)
길동님이 철수님을 공격합니다.
철수:길동님의 공격(20)에 의해 HP[80]

8:k1.attack_to(k2)
길동님이 철수님을 공격합니다.
철수:길동님의 공격(20)에 의해 HP[60]

9:k2.attack_to(k1)
철수님이 길동님을 공격합니다.
길동:철수님의 공격(20)에 의해 HP[80]

10:k1.triple_attack(k2)
길동님이 철수님을 3회 공격합니다.
철수:길동님의 공격(20)에 의해 HP[40]
철수:길동님의 공격(20)에 의해 HP[20]
철수:길동님의 공격(20)에 의해 HP[0]
철수님이 길동님에의해 사망했습니다.
```

code 1_8_15

기초다지기

❓ student클래스를 작성하세요.

- **생성자 메소드를 활용** : 객체 생성 시 이름과 학년, 연락처를 저장할 공간을 확보하여 값을 할당하세요.
- **introduce메소드 생성** : 아래의 형태로 출력하는 메소드를 정의하세요. 이름과 학년, 연락처는 객체에 따라 달라질 수 있어야 합니다.

  예 안녕하세요. 저는 홍길동이고, 3학년입니다.

  예 제 연락처는 010-1234-5678 입니다.

- **grade메소드 생성** : 학년을 1 증가시키는 메소드를 정의하세요.

💬 _____

❓ 8.3. 클래스 실습에서 작성한 Knight클래스에 메소드를 추가 정의하세요

- **메소드 이름** : use_potion
- **기능** : 물약을 1개 소비하여 체력을 20 증가시킴
- 물약 개수(potion_cnt)가 1개 이상일 때만 사용 가능
- 물약을 사용하면 개수 1 감소
- 체력이 100을 넘을 수 없음
- 아래와 같은 메시지 출력

  길동 : 포션(2) 사용. HP[70]

  포션이 남아있지 않습니다.

💬 _____

MEMO

PART II

- 파이참 활용
- 비트연산자
- 문자열 심화

01

파이참 활용

01

파이참 활용

프로그래밍을 공부하는 시간이 많아지면서 자연스레 코드의 길이도 함께 길어지고, 구조 역시 복잡해지기 시작합니다. PART 2의 첫 번째 장에서는, 길고 복잡한 코드 작성을 도와주고 **여러 편의 기능을 통해 프로그래밍 효율을 높여주는** 파이참의 기능을 몇 가지 소개하도록 하겠습니다.

알고있는 기능
애교 떨기
사랑스럽기

모르는 기능
소파 물어뜯기
털 생산
어지럽히기

1 코드 나눠보기

1) split code

코드가 복잡해지면, 같은 파일의 다른 위치나 다른 파일의 코드를 참고하여 프로그래밍해야 하는 경우가 생깁니다. 이때, split code 기능을 사용하면 **편집 중인 위치를 벗어나지 않고도 다른 위치의 코드를 참고**할 수 있게 됩니다.

분할을 원하는 파일이 열려있는 상태에서 파일명을 오른클릭 - Split Vertically(또는 Split Horizontally)를 선택하면, 코드 영역이 세로(또는 가로)로 분할되어 해당 코드를 나타냅니다.

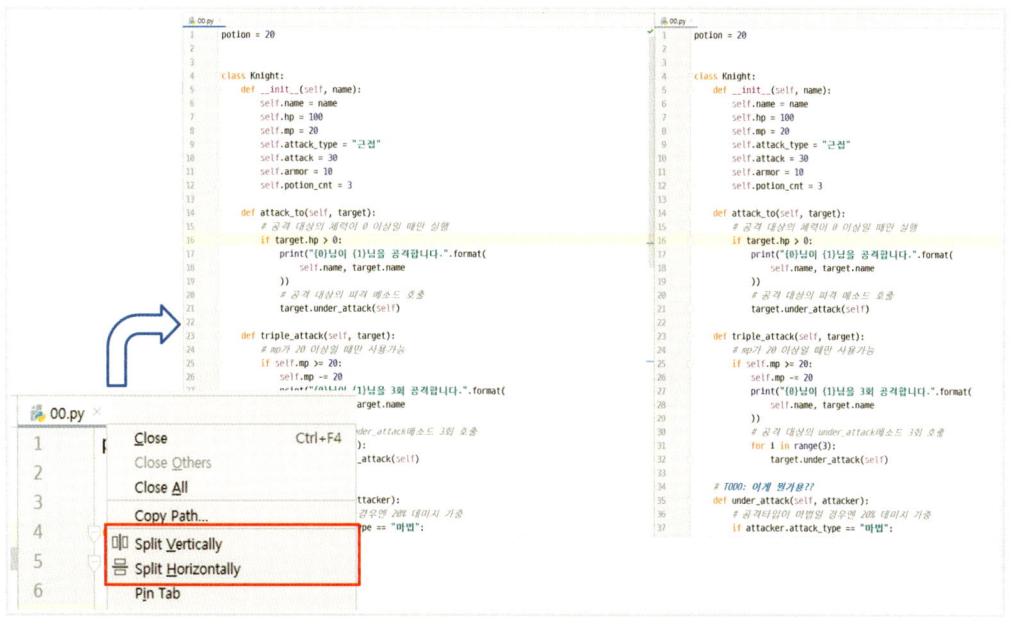

2) code lens

split code 기능을 쓸 필요까진 없지만, 같은 파일 내에서 **다른 코드 라인을 잠깐 보고와야 하는 경우**가 종종 생깁니다. 이때 사용 가능한 기능이 코드 렌즈 기능인데, 스크롤 영역 중 스크롤 바가 없는 위치에 마우스 포인터를 가져가면, 해당 위치에 있는 코드가 잠시 나타납니다.

3) 로컬 히스토리

해당 파일명이나 코드에서 오른클릭 - Local History를 선택하면, **작업 내역(타임라인)과 변경사항을 확인**할 수 있으며, 이전 코드 상태로 **롤백(되돌리기)**이 가능합니다.

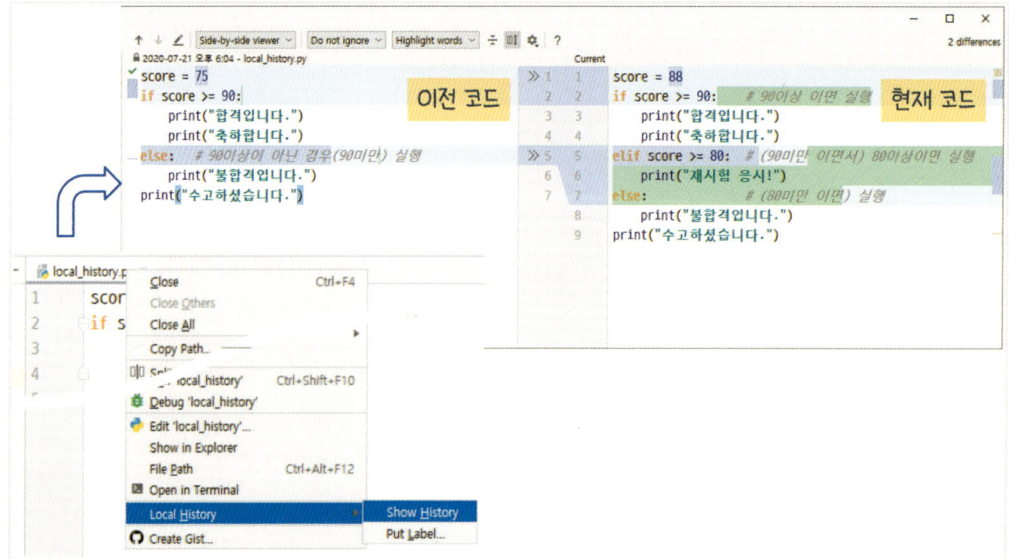

코드를 편집하다 보면, 이전 단계의 코드를 확인해야 하는 경우가 생깁니다. 이전 코드에서는 변수에 값을 얼마를 지정했었는지, 조건식은 어떻게 바뀌었고 새롭게 추가된 부분은 무엇이 있는지 등등 일일이 기억나지 않아도 파이참이 쉽고 직관적으로 나타내 줍니다.

4) 코드 비교

분명 예제 및 정답과 똑같이 코드 작성을 했는데, 결과가 같지 않은 경우가 있습니다. 숫자 하나를 잘 못 입력했거나 오타가 있는 경우가 대부분일 텐데요. 코드 분할 기능을 사용하더라도 복잡한 코드일수록 이 부분을 찾기가 굉장히 힘듭니다.

원본 파일을 선택하고 Ctrl+D를 누른 다음, 비교 파일을 선택하면 두 코드를 나란히 보여주는 상태에서 **원본과 다른 점을 표시**해 줍니다.

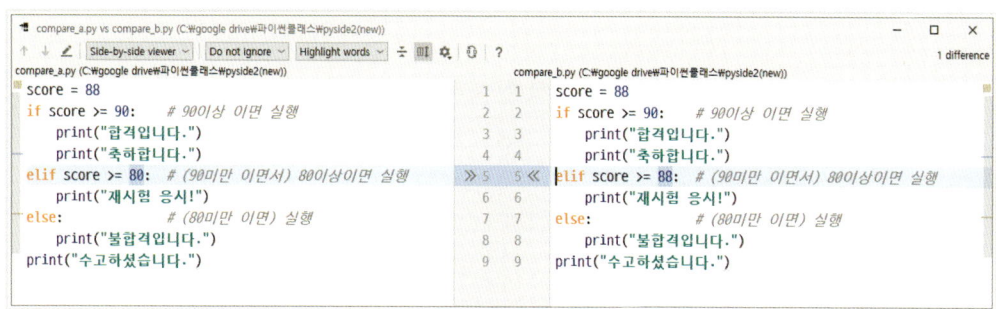

| 주간컴공 | https://cafe.naver.com/weekcom

2 코드 작성을 편리하게

초보 개발자들에게 가장 많은 도움이 되는 기능을 뽑으라면 누구나 자동완성 기능을 이야기할 정도로 많은 도움이 되는 기능입니다. 어떤 분들은 이런 기능을 사용하지 않고 직접 손으로 코딩을 해야 기초가 단단해진다고도 하지만, 저는 그렇게 생각하지 않습니다. 자동완성을 사용해서 편리하게 프로그래밍을 하게 되면 그만큼 많은 실습을 할 수 있어서 자연스럽게 기초는 단단해집니다.

1) 토큰 자동완성

토큰의 일부만 입력해도, 그 일부를 포함하는 변수와 클래스, 함수 등을 리스트로 나타냅니다. 그뿐만 아니라 각 토큰의 종류와 위치, 인수 등의 정보를 함께 나타내어 개발자의 이해를 도와줍니다.

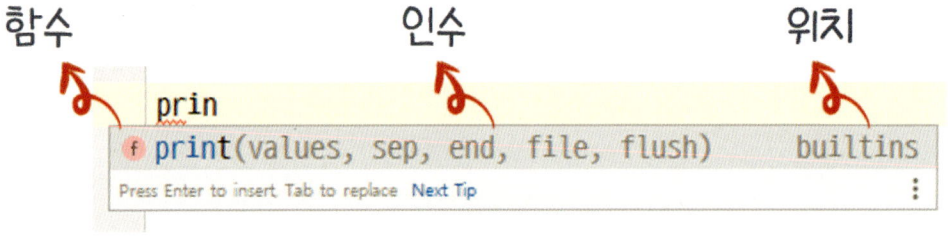

이 밖에도 괄호를 자동으로 닫아주거나, 메소드의 self인수를 자동으로 입력해 주는 등의 편리한 자동완성 기능을 제공합니다.

2) 함수(메소드) 설명

함수와 메소드 호출문에 마우스를 잠시 올려두면 해당 함수에 대한 대략적인 설명을 확인 할 수 있습니다. 함수의 기능과 어떤 인수를 필요로 하는지에 대한 설명이 되어 있어서 헷갈리거나 모르는 함수도 쉽게 이해하고 사용할 수 있도록 도와줍니다. 예를 들어 **print함수** 위에 마우스를 올려두면 아래와 같은 설명을 확인할 수 있습니다 (View - Tool Windows - Documentation을 선택하는 방법도 있습니다).

여러분들이 개발한 함수도 설명을 나타낼 수 있습니다. 두 수를 입력받아서 그사이의 숫자를 차례로 출력하는 함수를 만들어 보겠습니다. 처음에는 인수에 대한 내용만 간단하게 표시됩니다.

함수 코드 첫 줄에 설명을 기록해보겠습니다. 작은따옴표(큰따옴표도 괜찮습니다)를 3번 입력하면 추가로 3개의 따옴표가 자동으로 입력됩니다. 그 상태에서 엔터키를 누르면, 각 **매개변수와 반환 값에 대한 설명을 기록할 수 있는 틀(독스트링)이 자동으로 생성**됩니다.

```
def test_func(start_num, end_num):
    """

    :param start_num:
    :param end_num:
    :return:
    """
    for i in range(start_num, end_num+1):
        print(i)
```

documentation
def test_func(start_num: Any,
              end_num: {__add__}) -> None

Params: start_num -
        end_num -
Returns:

이제 틀 안에 적절한 설명을 기록하면 됩니다. 한글 입력도 가능하므로 팀 프로젝트로 진행을 할 때도 대단히 유용하게 사용될 수 있겠죠?

```
def test_func(start_num, end_num):
    """
    두 수를 입력받아 그 사이의
    정수를 출력합니다.

    :param start_num: 첫 숫자
    :param end_num: 마지막 숫자
    :return: 이 함수의 반환 값은 없습니다
    """
    for i in range(start_num, end_num+1):
```

documentation
def test_func(start_num: Any,
              end_num: {__add__}) -> None

두 수를 입력받아 그 사이의 정수를 출력합니다.
Params: start_num - 첫 숫자
        end_num - 마지막 숫자
Returns: 이 함수의 반환 값은 없습니다

실제 설명 내용을 확인(수정)하는 방법

코드 내에서 호출하고 있는 함수명을 **Ctrl**키를 누른 상태로 클릭하면, 해당 함수의 정의가 외부 파일에 존재하더라도 찾아가서 실제 정의된 설명과 코드를 나타내 줍니다.

3 기타 유용한 기능

1) 코드 하이라이팅

코드의 특정 요소를 하이라이팅 해주어 코드 분석을 훨씬 더 용이하게 해줍니다. 오류가 난 위치, 선택된 식별자가 사용된 위치 등을 확인할 수 있습니다.

2) 검색기능 활용

다른 대부분의 프로그램과 마찬가지로, 파이참도 코드 내부 텍스트 검색은 Ctrl+F를 통해서 진행할 수 있습니다. 그런데, 파이참은 코드 내부 검색기능뿐만 아니라 **파일 및 클래스, 변수(Symbols), 파이참 메뉴(Actions)까지 통합검색이 가능**합니다. Shift키를 두 번 눌러서 통합검색 창을 열 수 있습니다.

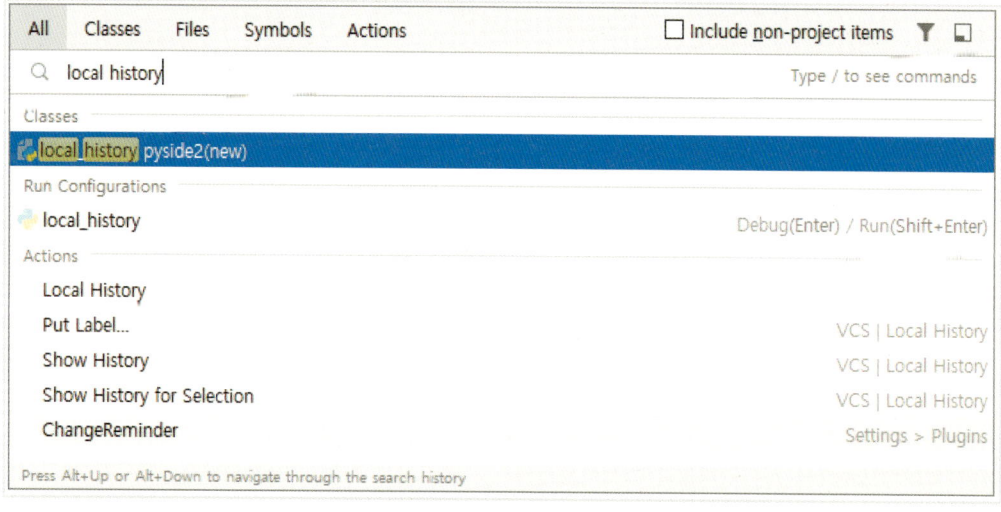

3) 리펙터 활용

특정 변수의 식별자를 다른 이름으로 변경하고 싶을 땐, 직접 바꿔줄 수도 있지만 이미 많이 사용한 뒤라면 일일이 변경하는 것이 조금 번거로울 수 있습니다. 리펙터 기능(Shift+F6)을 사용하면, **지정한 범위의 모든 해당 변수**를 손쉽게 **새로운 이름으로 변경**할 수 있습니다.

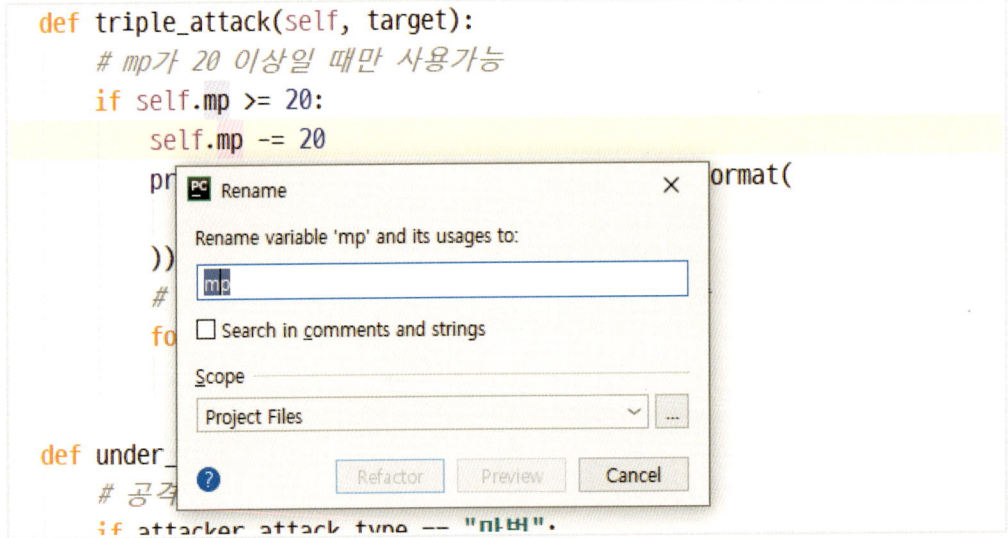

4) 유용한 단축키

다음은 파이참에서 자주 사용되는 기능들의 단축키 모음입니다.

단축키	기능
Ctrl + \	주석 적용 및 해제
Ctrl + D	행 복제
Ctrl + Y	행 삭제
Ctrl + delete	단어단위 삭제
Ctrl + Alt + L	코드 스타일 정리
Ctrl + Alt + T	코드 감싸기(if, for 등으로)
Ctrl + Alt + O	import문 최적화
Ctrl + Shift + 위,아래	구문 이동(행)
Alt + Shift + 위,아래	라인 이동(행)

PART II

- 비트연산자
- 문자열 심화
- 자료구조 심화

02

비트연산자

02

비트연산자

이번 장에서는, 기본 파트에서 다루지 않았던 연산자들에 대해 배워보도록 하겠습니다. 기본파트에서 다루지 않았던 이유는, 사용이 어렵고 지금 다루게 될 연산자가 없더라도 대부분의 연산이 가능하기 때문입니다. 그럼에도 심화파트에서 다루는 이유는, **좀 더 빠르고 효율적인 연산이 가능**하기 때문이죠. 기존 스타일과 심화 스타일의 코드를 비교하면서 비트 연산의 개념과 성능에 대해 알아보도록 하겠습니다.

이번 장은 2진수에 대한 최소한의 기초지식이 필요합니다. 카페와 유튜브 영상을 통해서 2진수에 대한 개념을 익히신 다음에 진행하시기 바랍니다.

1 비트 연산

비트(bit)는 2진수(binary digit)의 줄임말로, 비트 연산은 **2진수의 연산**을 뜻합니다. 컴퓨터(기계)는 0과 1(기계어)만 인식할 수 있기 때문에, 어떤 네이터를 저장하더라도 **비트 구조로 변환하여 데이터를 저장**하게 되고, 이 저장된 비트는 다시 적절한 형태로 변환되어 표현되게 되어있습니다. 그렇기에 우리가 10진수에 대한 연산을 명령하더라도, 내부적으로는 2진수 형태로 변환되어 연산이 되고, 또다시 10진수로 변환이 되어 보이는 것이죠.

모든 연산을 대체할 수는 없겠지만, 어떤 문제들은 **비트 형태의 데이터를 직접 조작**해서 결과를 얻는 시간이 그렇지 않은 경우보다 월등히 빠르기도 한데요. 바로 이때 사용되는 연산자가 비트 연산자입니다. 이번 절에서는 5가지의 비트 연산자에 대해 간단히 살펴보도록 하겠습니다.

1) Shift(<<, >>)

시프트 연산자는 **비트 배열을 왼쪽이나 오른쪽으로 이동**시켜 주는 연산자입니다. 10진수로 예를 들어볼까요? 3이라는 숫자를 생각해 보겠습니다. 3을 왼쪽으로 한 칸 이동하면, 원래 3의 자리는 0으로 바뀌면서 30이 됩니다. 10배가 되었죠? 다시 한번 3을 왼쪽으로 한 칸 옮기게 된다면? 원래 3의 자리 역시 0으로 바뀌고 300이 돼 역시나 10배가 되었습니다.

10진수의 가중치(자리마다 곱해지는 값)는 10이기 때문에, 자리를 좌우로 n번 옮기게 되면 10^n을 곱하거나, 나눈 결과를 얻을 수 있게 됩니다. 그렇다면 2진수의 가중치는 2일 것이고, 자리를 좌우로 n번 옮기게 되면 2^n를 곱하거나, 나눈 결과를 얻을 수 있겠죠?

시프트 연산은 어떤 수든 2진수 기준으로 연산을 진행하기 때문에 연산 대상에 2^n을 곱하거나, 나눈 결과를 얻을 수 있습니다. 만약, **홀수를 나누게 된다면 1을 뺀 나머지 수로 계산을 진행**하는데, 이에 따라 1아래로는 0이 된다는 점을 참고하세요!

```python
1  print(24 >> 1)        # 24 * 2**-1
2  print(3 << 3)         # 3 * 2**3
3  print(0x10 << 3)      # 16 * 2**3
4  print(0b1101 >> 1)    # 13 * 2**-1
5  print(0o12 << 4)      # 10 * 2**4
```

code 2_2_1

2) AND(&)

AND연산자는 '논리곱'이라고도 하며, 입력된 두 수에서 **각 자리에 대응하는 비트를 서로 곱해서 결과**를 나타냅니다. '곱'이기 때문에 두 비트가 모두 1(참)일 때만 1이 결과로 나타나고, 그렇지 않은 경우는 0(거짓)이 나타납니다. 1자리의 비트를 AND연산을 하게 되면 아래 표와 같은 결과가 출력됩니다.

a	b	a&b
0	0	0
1	0	0
0	1	0
1	1	1

여러 자리의 비트(또는 여러 자리의 비트로 변환되는 다른 수)를 계산할 때를 한번 살펴볼까요? 13과 27을 AND연산 한다고 생각해보겠습니다. 13을 8자리의 2진수로 나타내면 $00001101_{(2)}$이고, 27은 $00011011_{(2)}$인데요. 2진수의 자리마다 AND연산을 하여 새로운 2진수 $00001001_{(2)}$이 결과로 나오게 됩니다.

13	0	0	0	0	1	1	0	1
	&	&	&	&	&	&	&	&
27	0	0	0	1	1	0	1	1
결과	0	0	0	0	1	0	0	1

이런 연산자를 어디에 쓰나요?

책에서는 이해를 돕기 위해서 10진수끼리 AND 연산을 하고 있지만, 실제로는 좀 더 엄청난 작업에 사용됩니다. 2진수의 원리를 이용해서 아주 복잡한 알고리즘을 간단하게 구성하거나, 임베디드(가전제품 등에 사용되는 성능이 제한된 컴퓨터) 및 서버 환경에서 구동되는 프로그램 등이 있습니다.

3) OR(|)

OR(논리합) 연산은 AND와는 반대로, 각 자리의 비트는 서로 합해서 결과를 나타냅니다. 따라서, 두 비트가 모두 거짓(0)일 때만 결과로 0이 나옵니다. 논리의 개념에서는 1(참)과 1(참)을 더하면 그대로 1(참)입니다.

a	b	a|b
0	0	0
1	0	1
0	1	1
1	1	1

이번 역시 13과 27을 OR연산 한다고 생각해보겠습니다.

13	0	0	0	0	1	1	0	1
	|	|	|	|	|	|	|	|
27	0	0	0	1	1	0	1	1
결과	0	0	0	1	1	1	1	1

4) XOR(^)

XOR(배타적 논리합) 연산은 두 비트의 값이 서로 다를 때만 참(1)이 나옵니다.

a	b	a^b
0	0	0
1	0	1
0	1	1
1	1	0

13과 27을 XOR연산 한다고 생각해보겠습니다.

13	0	0	0	0	1	1	0	1
	|	|	|	|	|	|	|	|
27	0	0	0	1	1	0	1	1
결과	0	0	0	1	0	1	1	0

5) NOT(~)

AND, OR, XOR은 이항 연산자인 반면에 NOT은 단항 연산자입니다. **주어진 비트 배열을 반전**시킨 값을 구할 수 있습니다. 자세한 원리는 너무 복잡하니 -(n+1)의 형태로 변환된다고 알고 계시면 되겠습니다. 예를 들어 162를 NOT연산 했다면, -(162+1)이므로 -163의 결과가 나오고, -163을 NOT하게 되면 -(-163+1)이므로 다시 162의 결과가 나옵니다.

```
1  print(~162)
2  print(~(-163))
```

code 2_2_2

2 시간복잡도 해결

1) 빅오표기법

어떠한 문제를 해결하기 위해 **최대(최악이 경우) 몇 번의 연산을 거쳐야 하는지를 나타내는 방법**입니다. '빅 오(Big O)'는 말 그대로 대문자 O를 뜻하는데, 예를 들어 O(1)이라고 하면, 한 번의 연산을 통해 문제를 해결할 수 있다는 의미가 되고, O(n)이라고 하면, 입력값에 따라 연산 횟수가 증가한다는 것입니다. 만약 $O(n^2)$인 경우에는 값이 커질수록 훨씬 더 많은 연산 횟수가 필요하겠죠? 입력한 값과 소모되는 시간의 관계를 그래프로 표현하면 아래와 같습니다.

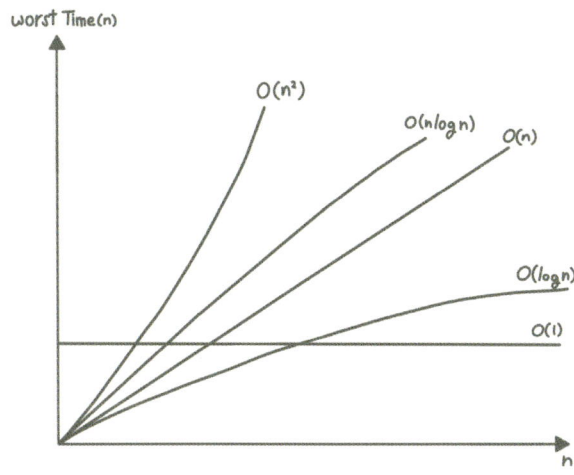

우리가 어떠한 문제를 해결할 수 있는 알고리즘(해결방법)을 개발했을 때, 그 **알고리즘의 시간복잡도(문제를 해결하는 데 걸리는 시간)를 기준으로 성능**을 판단합니다. 이 성능을 나타내는 표기법 중 하나가 바로 빅 오 표기법이죠! 아래 간단한 문제를 통해서, 좀 더 자세한 이야기를 나눠보도록 하겠습니다.

2) 2의 거듭제곱 판단

2^{63}이하의 자연수를 입력받았을 때, 2의 거듭제곱인지를 판단하기 위해서는 어떻게 해야 할까요? 2^1부터 2^{63}까지의 값을 구해가면서 하나하나 대조해보는 방법이 있습니다. 차례로 비교를 해가면서, 만약 입력받은 수가 비교값(2^n)보다 작아진다면 반복을 종료하고, 적당한 메시지를 출력하도록 하면 됩니다.

```python
num = 1073741824

for n in range(1, 64):
    chk = 2 ** n
    if num == chk:
        print("맞아요!")
        break
    elif num < chk:
        print("없어요!")
        break
else:
    print("다 찾아봤는데 없네요!")
```

code 2_2_3

입력받은 값(num)이 2의 거듭제곱이면서 그 크기가 작은 경우엔 최소 1~2번 정도의 반복으로 작업이 끝나겠지만, 최악의 경우에는 반복문을 전부 돌아야 작업이 끝나겠죠? 이런 경우엔 **최악의 시나리오를 기준으로 성능을 판단**하기 때문에, n(1~63)번 반복을 한다고 판단하고, 빅 오 표기법으로는 O(n) 또는 O(63n)이라고 나타냅니다.

2의 거듭제곱 수의 비트 배열 확인

2의 거듭제곱 수를 편의상 num이라고 하겠습니다. 10개의 num을 2진수로 출력(**bin함수** 사용)해 보면, 전부 0인데 한자리만 1인 것을 확인할 수 있습니다. **format함수**를 이용하면 좀 더 보기 좋은 결과를 얻을 수 있습니다.

```
1   num = 1
2   for n in range(10):
3       num *= 2
4       print(bin(num))
5       # :(서식시작) 0(빈자리를 채울 문자) >(우측정렬) 11(자릿수)
6       # print("{:0>11}".format(bin(num)[2:]))
```

code 2_2_4

그렇다면, num에서 1을 뺀 수를 출력해보면 어떨까요? 방금 1이 있던 자리는 0이 되고, 그 오른 쪽 자리의 0은 전부 1이 됩니다. 10진수 1000에서 1을 빼면 999가 되는 것과 같은 원리입니다. 예를 들어 8의 경우, 여덟 자리의 2진수로 표현하면 $00001000_{(2)}$인데, 1을 빼보면 $00000111_{(2)}$이 되는 것이죠.

```
1   num = 1
2   for n in range(10):
3       num *= 2
4       print("{:0>11}".format(bin(num-1)[2:]))
```

code 2_2_5

비트 연산 활용

8에서 1을 뺀 $00000111_{(2)}$을 반전시키면 $11111000_{(2)}$이 됩니다. 이 값을 원래의 수 $00001000_{(2)}$와 AND연산을 하게 되면 다시 원래의 수 $00001000_{(2)}$이 됩니다.

8	0	0	0	0	1	0	0	0
	&	&	&	&	&	&	&	&
~(8-1)	1	1	1	1	1	0	0	0
결과	0	0	0	0	1	0	0	0

num이 아닌 다른 수들의 경우에는 어떻게 될까요? 13을 예로 들어보겠습니다. 13의 2진수는 $00001101_{(2)}$이고, 여기에 1을 빼고 반전을 시키면 $11110011_{(2)}$이죠. AND연산을 하게 되면, $00000001_{(2)}$이 됩니다.

13	0	0	0	0	1	1	0	1
	&	&	&	&	&	&	&	&
~(13-1)	1	1	1	1	0	0	1	1
결과	0	0	0	0	0	0	0	1

시간복잡도를 줄여보자

결론은, 2의 제곱수일 경우엔 원래 수에서 1을 빼고 반전시킨 수를 AND연산하면 원래 수가 된다는 것이죠. 이걸 코드로 변환하면 아래와 같습니다.

```
1  num = 8
2  if num -= num & ~(num - 1):
3      print("{0}은 2의 제곱수 입니다."
4            .format(num))
5  else:
6      print("{0}은 2의 제곱수가 아닙니다."
7            .format(num))
```

code 2_2_6

위 코드는 num변수에 어떤 값이 할당되어도 **단 한 번의 연산으로 문제를 해결**할 수 있기 때문에, O(1)의 시간복잡도를 가집니다. 이처럼 비트 연산자는 복잡하고 비효율적인 문제해결 과정을 아주 단순하게 만들 수도 있습니다.

PART II

- 문자열 심화
- 자료구조 심화
- 반복제어문 심화

03

문자열 심화

문자열 심화

프로그래밍을 배우면서 **대부분의 데이터와 결과로 문자열을 사용**합니다. PART 2의 2장에서 역시 문자열 관련 함수(format)를 사용하여 좀 더 보기 좋은 결과를 만들어 냈죠. 이번 장에서는 여러 실습을 통해 문자열 관련 함수들을 배워보도록 하겠습니다.

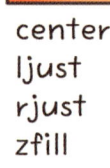

1 수정 및 변환

1) strip([검색 문자열])

문자열의 **첫 문자부터 마지막 문자**까지 탐색하면서 검색 문자열 중 **일치되는 문자가 있다면 제거**하는 과정을 반복합니다. 이 과정은 일치되지 않는 문자가 나타날 때까지 반복되며, 반대의 경로로**(마지막에서 첫 문자까지)** 한 번 더 진행합니다.

함수의 호출 원형 중 **대괄호가 있는 인수는 생략이 가능**하다는 뜻입니다. 만약, 인수가 주어지지 않으면(생략) 공백이 기본 인수로 지정됩니다.

```
1   print("www.example.com".strip("mcowz."))
2   # 정방향
3   # w - "mcowz."에 포함됨 -> 제거
4   # w - "mcowz."에 포함됨 -> 제거
5   # w - "mcowz."에 포함됨 -> 제거
6   # . - "mcowz."에 포함됨 -> 제거
7   # e - "mcowz."에 포함 안 됨 -> 중지
8   # 역방향
9   # m - "mcowz."에 포함됨 -> 제거
10  # o - "mcowz."에 포함됨 -> 제거
11  # c - "mcowz."에 포함됨 -> 제거
12  # . - "mcowz."에 포함됨 -> 제거
13  # e - "mcowz."에 포함 안 됨 -> 중지
14  print("#....... Section 3.2.1 Issue #32 .......".strip(".#! "))
15  print("   i like cats   ".strip())
```

code 2_3_1

lstrip, rstrip

양쪽 방향으로 진행되는 strip함수와 달리, lstrip은 왼쪽에서 오른쪽으로, rstrip은 오른쪽에서 왼쪽으로 한 번만 진행합니다.

2) replace(대상 문자열, 바꿀 문자열[, 개수])

모든 대상 문자열을 **바꿀 문자열로 치환된 문자열을 결과**로 돌려줍니다. 개수가 주어진다면, 개수만큼만 치환합니다.

```
1   src = "나리나리 개나리 입에따라 물고요"
2   print(src.replace("나리", "나비"))
3   print(src.replace("나리", "나비", 1))
```

code 2_3_2

3) split(문자열[, 횟수])

문자열을 구분자로 사용하여 대상 문자열을 분할, 리스트화된 결과값을 돌려줍니다. 문자열을 생략하면 공백을 구분자로 사용합니다. 횟수를 지정하면 지정된 횟수만큼만 분할을 진행합니다.
문자열에 공백을 지정한 경우에는 각각의 공백을 별개의 구분자로 인지하지만, 문자열을 생략한 경우에는 연속적인 공백을 하나의 구분자로 인지하여 분할합니다.

```
1   print("1반    2반    3반".split())
2   print("1반    2반    3반".split(" "))
3   print("www.example.com".split(".", 1))
4   print("www.example.com".rsplit(".", 1))
```

code 2_3_3

rsplit

split과 동일하게 수행되지만, 횟수 인수가 주어졌을 때는 오른쪽에서부터 분할을 시작합니다.

4) join(문자열 시퀀스)

원본 문자열을 구분자로 하여, 문자열 시퀀스의 문자열들을 이어 붙인 결과를 돌려줍니다. 이 함수의 **인수는 반드시 문자열**로만 이루어져 있어야 합니다.

```
1  weekday = ["월", "화", "수", "목", "금", "토", "일"]
2  rgb = ("red", "green", "blue")
3  num = {"첫째": "고등어", "둘째": "까망이"}
4
5  print("".join(weekday))
6  print("-".join(weekday[:4]))
7  print("-".join(weekday[4:]))
8  print(" or ".join(rgb))
9  print(", ".join(num.keys()))
10 print(", ".join(num.values()))
```

code 2_3_4

문자열의 복사본

대부분의 함수는 원본 데이터를 복사하여 작업을 처리한 뒤에 결과를 나타냅니다. 덕분에 **원본은 변하지 않고 작업이 진행**되는 것이죠. 만약 원본을 변형하고 싶다면 작업의 결과를 다시 할당해주면 되지만, 원본이 사라져버리기 때문에 신중하게 결정하시는 것이 좋습니다.

2 검색

1) find(찾을 문자열[, 시작[, 끝]])

원본 문자열에서 **찾을 문자열이 가장 먼저 등장하는 위치**(인덱스)를 돌려줍니다. 시작 인수를 입력해서 시작 위치를 지정하거나, 끝 위치까지 정해서 검색 범위를 좁힐 수 있습니다. 시작과 끝은 슬라이싱 개념(시작부터 끝 전까지)으로 해석됩니다. 만약 찾을 문자열이 없다면 -1을 결과로 돌려줍니다.

주의할 점은, 시작 위치를 지정해서 검색하더라도 항상 **인덱스의 기준은 원본 문자열 전체**를 기준으로 판단합니다. "안녕하세요"라는 문장에서 "요"를 찾는다고 했을 때, 2번째, 3번째 글자부터 검색 해도 요의 위치는 무조건 5번째인 것이죠.

```
1  src = "나리나리 개나리 입에따라 물고요"
2
3  print(src.find("나리"))
4  print(src.find("나리", 3))
5  print(src.find("개", 3))
6  print(src.rfind("나리"))
```

code 2_3_5

rfind

원본 문자열에서 찾을 문자열이 가장 나중에 등장하는 위치(인덱스)를 돌려줍니다.

index

find함수와 동일한 기능을 수행하지만, 찾을 문자열이 없을 때 에러를 발생시킵니다.

2) startswith(접두사[, 시작[, 끝]])

원본 문자열이 인수로 지정한 접두사로 시작하는 경우 True를 결과로 돌려줍니다.

```
1  prefix = ("김", "이", "박")
2
3  print("홍길동".startswith("홍"))
4  print("김철수".startswith(prefix))
5  print("인천시 연수구".startswith("인천시"))
6  print("인천시 부평구".startswith("인천시"))
7  print("부산시 연수구".startswith("인천시"))
```

code 2_3_6

endswith

원본 문자열이 인수로 지정한 접미사로 끝나는 경우 True를 결과로 돌려줍니다.

3 확인

문자열이 어떤 요소로 이루어졌는지 체크합니다. 사용법이 간단하니 전체 내용을 소개한 뒤에 전체 실습 코드를 확인할 수 있습니다.

1) isalnum

문자열의 모든 문자가 알파벳과 숫자이면 True를 돌려줍니다.

2) isalpha

문자열의 모든 문자가 알파벳이면 True를 돌려줍니다.

3) isdecimal

문자열의 모든 문자가 10진수이면 True를 돌려줍니다. 단, 음수 부호는 숫자로 인식하지 못합니다.

4) isdigit

문자열의 모든 문자가 숫자(10진수, 지수문자 등)이면 True를 돌려줍니다. 단, 음수 부호는 숫자로 인식하지 못합니다.

5) isidentifier

문자열 구성이 식별자 명명 규칙에 알맞다면 True를 돌려줍니다.

6) islower / isupper / isspace

문자열의 모든 문자가 소문자 / 대문자 / 공백이면 True를 돌려줍니다.

7) istitle

문자열의 모든 단어(공백으로 구분)들이 첫 글자만 대문자이면 True를 돌려줍니다.

```
1  print("weekcom".isalnum())
2  print("weekcom".isalpha())
3  print("7com".isalnum())
4  print("720".isdecimal())
5  print("-720".isdecimal())
6  print("720²".isdecimal())
7  print("720²".isdigit())
8  print("2class".isidentifier())
9  print("class2".isidentifier())
10 print("Class_2".isidentifier())
11 print("abcd".islower())
12 print("abcd".isupper())
13 print("a b c d".isspace())
14 print("    ".isspace())
15 print("lovely_cats".istitle())
16 print("Lovely Cats".istitle())
```

code 2_3_7

is~ 함수는 보통 단독으로 쓰이지 않고, if문 등과 함께 사용하여 올바른 데이터 입력을 판단하거나, 데이터 변환을 위해서 사용되는 경우가 많습니다.

```
1  while True:
2      id = input("아이디를 입력하세요: ")
3      if id.isalpha():
4          break
5      else:
6          print("숫자와 영문자만 입력가능합니다.")
7          continue
8      while True:
9          pw = input("암호를 입력하세요: ")
10         ...
```

code 2_3_8

4 문자변형

문자열을 대문자 및 소문자로 변경합니다. 사용법이 간단하니 전체 내용을 소개한 뒤에 전체 실습 코드를 확인할 수 있습니다.

1) upper / lower

문자열을 전부 대문자 / 소문자로 변환합니다.

2) capitalize

문자열의 첫 문자를 대문자로, 나머지를 전부 소문자로 변환합니다.

3) title

단어의 첫 문자를 대문자로, 나머지를 전부 소문자로 변환합니다. 단어를 구분하는 기준은 공백뿐 아니라, 쉼표(,)나 아포스트로피(')와 같은 알파벳이 아닌 문자도 해당합니다.

4) swapcase

대문자를 소문자로, 소문자를 대문자로 변환합니다.

```
1  print("cat".upper())
2  print("Cat".lower())
3  print("Cats Are Always Cute".capitalize())
4  print("Cats Are Always Cute".swapcase())
5  print("cats are always cute".title())
6  print("i'm jima. nice to meet you, too".title())
```

code 2_3_9

5 정렬

1) center(길이[,문자])

원본 문자열을 가운데 위치시키고, 지정한 길이기 되도록 시성한 문자를 채워서 문자열을 새로 생성합니다. 문자를 지정하지 않으면 공백으로 채웁니다. 만약, 원본 문자열의 길이가 지정한 길이보다 긴 경우에는 원본이 그대로 출력됩니다.

```
1  print("Cats".ljust(14, "="))
2  print("VS".center(14))
3  print("Dogs".rjust(14, "="))
4  print("과연 이 승부의 결과는???".rjust(14, "="))
```

code 2_3_10

ljust, rjust

원본 문자열을 왼쪽/오른쪽에 위치시키고, 지정한 길이가 되도록 지정한 문자를 채워서 문자열을 새로 생성합니다. 문자를 지정하지 않으면 공백으로 채웁니다.

2) zfill(길이)

원본 문자열을 오른쪽에 위치시키고, 지정한 길이가 되도록 0을 채워서 문자열을 새로 생성합니다. 부호(+, -)는 맨 앞에 따로 삽입합니다. 이 함수를 이용하면 2장에서 나타냈던 2진수를 좀 더 간편하게 표현할 수 있습니다. 만약, 원본 문자열의 길이가 지정한 길이보다 긴 경우에는 원본이 그대로 출력됩니다.

```
1  # 복잡하지만, 0 말고 다른 문자로 채울 수 있음
2  print("{:0>11}".format(bin(8)[2:]))
3  # 간단하지만, 0 으로만 채울 수 있음
4  print(bin(8)[2:].zfill(11))
5  print("-137".zfill(10))
6  print("1101".zfill(10))
```

code 2_3_11

MEMO

PART II

- 자료구조 심화
- 반복제어문 심화
- 함수 심화

04

자료구조 심화

04

자료구조 심화

PART 1의 자료구조에서 리스트 및 튜플, 딕셔너리 등에 관해서 공부했던 것 기억하시죠? 위 3가지로도 대부분의 작업이 가능하지만 번 장에서는 시퀀스들을 좀 더 활용할 수 있는 방법들에 더해, 집합과 컴프리헨션, 그리고 컬렉션의 기능들에 대해서도 배워보도록 하겠습니다.

1 집합

집합은 **중복을 인정하지 않고, 순서가 없는** 자료구조입니다. 순서가 없기 때문에, 위치를 나타내는 인덱싱 및 슬라이싱 같은 시퀀스와 유사한 기능을 지원하지 않죠. 딕셔너리와 비슷하지만, **별도의 키(문자로 데이터에 접근)가 없다는 점**이 다릅니다.

1) 집합의 생성

집합은 딕셔너리와 비슷하다고 했었죠? 집합의 생성 역시 비슷합니다. **중괄호나 set클래스의 생성자를 활용**합니다. 생성자를 활용할 때는 튜플이나 리스트, 딕셔너리 등의 시퀀스 형태로 인수를 지정합니다.

```
1  set_a = {'고양이', '강아지', '앵무새'}
2  set_b = set(('고양이', '강아지', '앵무새'))
3  set_c = set(['고양이', '강아지', '앵무새'])
```

code 2_4_1

빈 중괄호만 있을 때는 딕셔너리로 판단하기 때문에 빈 집합을 생성할 때는, 반드시 생성자를 활용해야 합니다.

```
1  set_a = {}
2  set_b = set()
3  print(type(set_a))
4  print(type(set_b))
```

code 2_4_2

2) 집합의 편집

집합 역시 **가변형 자료구조**기 때문에, 데이터를 추가하거나 삭제하는 등의 작업이 가능합니다. 사용법이 간단하고 메소드명에 그 의미가 담겨있으니 아래 코드를 통해서 의미를 파악해보시기 바랍니다. 참고로, **집합은 순서가 없기 때문에** 데이터의 추가 및 제거 등으로 순서가 정해지지 않습니다.

```python
1   s = set(["강아지", "고양이", "햄스터", "고슴도치"])
2   s.add("앵무새")           # 추가
3   s.add("거북이")
4   s.remove("강아지")        # 삭제(없을 경우 에러)
5   s.discard("고슴도치")     # 삭제(없을 경우 무시)
6   print(s.pop())            # 임의의 요소를 삭제해서 결과로 돌려줌
7   print(s)
8   s.clear()                 # 전체삭제
```

code 2_4_3

len과 in(not in)

지금까지 배운 자료구조(문자열, 리스트, 튜플, 범위, 딕셔너리, 집합)는 **len함수**를 이용해 요소의 개수를 파악할 수 있고, in 연산을 이용해서 **요소의 포함 여부**를 파악할 수 있습니다.

```python
1   s = set(["강아지", "고양이", "햄스터", "고슴도치"])
2   d = {"영어": 20, "수학": 10}
3   print(len(s))
4   print(len(d))
5   print(len(range(10)))
6   print("고양이" in s)
7   print("영어" in d)
8   print(20 in d.values())
```

code 2_4_4

3) 집합의 연산

OR연산자, **union메소드**를 이용해서 **합집합 연산**이 가능합니다.

```
1   print({1, 3, 5, 7, 9} | {3, 5, 7, 11})
2   print({1, 3, 5, 7, 9}.union({3, 5, 7, 11}))
```

code 2_4_5

AND연산자, **intersection메소드**를 이용해서 **교집합 연산**이 가능합니다.

```
1   print({1, 3, 5, 7, 9} & {3, 5, 7, 11})
2   print({1, 3, 5, 7, 9}.intersection({3, 5, 7, 11}))
```

code 2_4_6

-연산자, **difference메소드**를 이용해서 **차집합 연산**이 가능합니다.

```
1   print({1, 3, 5, 7, 9} - {3, 5, 7, 11})
2   print({1, 3, 5, 7, 9}.difference({3, 5, 7, 11}))
```

code 2_4_7

XOR연산자, symmetric_difference메소드를 이용해서 합집합-교집합 연산이 가능합니다.

```
1   print({1, 3, 5, 7, 9} ^ {3, 5, 7, 11})
2   print({1, 3, 5, 7, 9}.symmetric_difference({3, 5, 7, 11}))
```

code 2_4_8

isdisjoint메소드를 이용해서 **서로소 여부**(교집합 원소가 없는 공집합인 상태)를 확인할 수 있습니다.

```
1   print({1, 3, 5, 7, 9}.isdisjoint({3, 5, 7, 11}))
2   print({1, 3, 5, 7, 9}.isdisjoint({2, 4, 6, 8}))
```

code 2_4_9

비교 연산자를 이용해서 **집합의 포함 여부**를 확인할 수 있습니다.

```
1   print({1, 3, 5, 7, 9} <= {3, 5, 7})     # 왼쪽이 오른쪽에 포함되나?
2   print({1, 3, 5, 7, 9} >= {3, 5, 7})     # 오른쪽이 왼쪽에 포함되나?
3   print({1, 3, 5, 7, 9} > {3, 5, 7})      # 진부분집합 여부
```

code 2_4_10

2 컴프리헨션

리스트, 집합, 딕셔너리를 구성할 때, for문과 if문을 이용한 계산을 통해서 데이터를 생성할 수 있습니다. 2부터 시작하는 짝수를 30개 담는 리스트를 만든다고 생각을 해보면 굉장히 편리한 문법이라는 것을 알 수가 있죠.

```
1  even_lst = [2, 4, 6, 8, 10, 12, 14, 16, 18, 20, 22,
2              24, 26, 28, 30, 32, 34, 36, 38, 40, 42,
3              44, 46, 48, 50, 52, 54, 56, 58, 60]
4  print(even_lst)
```

code 2_4_11

데이터들의 규칙성이 있기 때문에 for문을 이용하여 데이터를 추가할 수 있습니다.

```
1  even_lst = []
2  for x in range(30):
3      even_lst.append((x+1)*2)
4  print(even_lst)
```

code 2_4_12

이 코드를 **컴프리헨션**으로 변환하면 아래와 같습니다.

```
1  even_lst = [(x+1)*2 for x in range(30)]
2  print(even_lst)
```

code 2_4_13

if문을 추가하면 **조건에 맞는 요소만 리스트에 추가**할 수도 있습니다.

```
1  # 1~30의 수 중 3의 배수만 리스트에 추가
2  even_lst = [x*2 for x in range(1, 31) if x % 3 == 0]
3  print(even_lst)
```

code 2_4_14

3 언패킹

패킹이라는 것은 **여러 데이터를 묶어서 한 변수에 지정**하는 것입니다. 지금까지의 자료구조들을 패킹이라고 보면 이해가 쉬울 것 같네요. 그렇다면 언패킹은, **묶여 있는 데이터를 풀어내는 것을** 의미합니다.

우선 두 개의 데이터를 패킹합니다. 아래 코드에서는 튜플로 패킹을 했지만 반드시 튜플타입으로 패킹을 해야 하는 것은 아닙니다.

```
1  pack = 5, 10  # (5, 10)과 같음
2  print(pack)
```

code 2_4_15

언패킹을 할 때는, 패킹 된 **데이터의 개수만큼 변수를 지정**해 주면 됩니다.

```
1  pack = 5, 10
2  a, b = pack
3  print(a, b)
```

code 2_4_16

패킹과 언패킹을 동시에 활용하여 데이터 스왑을 간편하게 표현할 수 있습니다.

```
1  a, b = 5, 10
2  a, b = b, a  # 패킹 된 b, a를 각각 a, b로 언패킹
3  print(a, b)
```

code 2_4_17

애스터리스크(*)를 이용하면, **데이터의 일부만 언패킹** 할 수도 있습니다.

```
1  # 5는 a에 언패킹, 나머지는 전부 b에 다시 패킹(리스트로 변환 됨)
2  a, *b = 5, 10, 15, 20
3  print(a, b)
```

code 2_4_18

4 컬렉션

컬렉션은 앞에서 배운 리스트, 튜플, 딕셔너리 및 집합을 기초로 하는 좀 더 고성능에 특수화된 자료구조들을 제공하는데요. 그중 몇 가지를 소개하도록 히겠습니다. 내장 모듈이기 때문에 import문을 통해서 불러오게 됩니다.

1) namedtuple

이름에서 알 수 있듯이, **튜플의 성격을 가지면서도 딕셔너리처럼 이름(키)으로 접근이 가능한 객체를 생성**해 줍니다. 회원 정보 데이터를 구성해 볼까요? 일단 지금은 컬렉션의 많은 기능 중 namedtuple만 필요하니까 from ~ import 문으로 namedtuple만 불러오도록 하겠습니다.

```
1  from collections import namedtuple
2  # register = namedtuple('register', "이름 주소 성별 나이")
3  register = namedtuple('register', ["이름", "주소", "성별", "나이"])
```

code 2_4_19

namedtuple(타입명, 필드명s)

namedtuple은 지정한 타입명으로 튜플 안에 서브 클래스(객체 안에 생성되는 클래스)를 생성합니다. 이름으로 접근하기 위한 필드명을 지정할 때는 하나의 문자열에 띄어쓰기로 구분하여 필드를 기록하거나, 시퀀스 형태로 지정하면 됩니다. 필드명이 아닌 데이터 객체를 추가할 때는 namedtuple객체가 할당된 변수를 이용합니다.

```
1  ...
2  reg_1 = register("홍길동", "서울", "남", 30)
3  reg_2 = register("임지수", "인천", "여", 23)
```

code 2_4_20

이름, 주소, 성별, 나이 항목에 각각 "홍길동", "서울", "남", 30이 할당됩니다. 데이터 전체를 출력하거나, 이름을 통해 개별로 출력을 할 수도 있습니다.

```
1   ...
2   print(reg_1)
3   print(reg_1.이름, reg_1.주소, reg_1.나이)
4   print(reg_2.이름, reg_2.나이, reg_2.성별)
```

code 2_4_21

_make(시퀀스)

기존 시퀀스로 새로운 인스턴스를 생성합니다.

```
1   ...
2   lst = ["강영웅", "경기", "남", 28]
3   reg_3 = register._make(lst)
4   print(reg_3)
```

code 2_4_22

_asdict()

딕셔너리로 변환해 줍니다. 필드명을 키로 변환합니다.

```
1   ...
2   print(reg_3._asdict())
```

code 2_4_23

_replace(필드=변경할 값, ...)

인수로 지정한 필드의 값을 변경할 값으로 변경한 새로운 인스턴스를 생성합니다. 아래 코드에서는 새로운 인스턴스를 재할당하여 원본을 대체하였습니다.

```
1  ...
2  reg_3 = reg_3._replace(주소="부산", 나이=40)
3  print(reg_3)
```

code 2_4_24

2) OrderedDict

매핑 타입의 자료구조인 딕셔너리와 집합은 시퀀스 타입과 달리 데이터의 순서가 없는데요. 이 **딕셔너리에 순서를 고려한 기능이 추가**된 객체를 생성해 줍니다. 따라서, 삽입한 순서에 데이터를 정렬할 수 있습니다.

```
1   from collections import OrderedDict
2
3   dic = dict()
4   dic["이름"] = "미러"
5   dic["종류"] = "고양이"
6   dic["나이"] = 10
7
8   od_dic = OrderedDict()
9   od_dic["이름"] = "미러"
10  od_dic["종류"] = "고양이"
11  od_dic["나이"] = 10
12
13  print(dic)
14  print(od_dic)
```

code 2_4_25

출력항목들 순서가 똑같은데요?

파이썬 3.7버전부터는 딕셔너리(dict)도 삽입된 순서를 기억하기 때문에, 단순히 순서 때문에 OrderDict를 사용할 필요는 없습니다. dict와 OrderDict의 차이점은 아래에서 살펴보도록 하겠습니다.

우선 **비교 연산자의 민감성에 차이**가 있습니다. dict는 원소의 키와 값이 같고, 순서만 다르다면 결과가 참이 나오지만, OrderDict는 순서도 같아야 참이 나옵니다. dict객체와 OrderDict객체를 비교할 수도 있는데, 이때는 순서를 신경 쓰지 않고 결과를 판단합니다.

```
1  ...
2  dic_2 = {'종류': '고양이', '이름': '미러', '나이': 10}
3  od_dic_2 = OrderedDict({'종류': '고양이', '이름': '미러', '나이': 10})
4  print(dic == dic_2)
5  print(od_dic == od_dic_2)
6  print(dic == od_dic_2)
7  print(od_dic == dic_2)
```

code 2_4_26

move_to_end(키, 위치)

위치에 따라 한쪽 끝으로 지정한 키를 이동합니다. 위치 값이 True(생략 가능)면 마지막으로 이동되고, False면 처음으로 이동됩니다.

```
1  ...
2  od_dic.move_to_end("이름")
3  print(od_dic)
4  od_dic.move_to_end("이름", False)
5  print(od_dic)
```

code 2_4_27

popitem(위치)

위치에 따라 한쪽 끝에서 키와 값을 반환하고 제거합니다. 위치 값이 True(생략 가능)면 마지막에 삽입된 값이 제거(Last In First Out)되고, False면 처음 삽입된 값이 제거(First In First Out)됩니다.

```
1   ...
2   od_dic.popitem()
3   od_dic.popitem(False)    # dict는 방향지정 불가능
4   print(od_dic)
```

code 2_4_28

3) Counter

튜플은 불변 시퀀스기 때문에 각자 고유의 ID(해시 값)를 가집니다. 해시 값을 가지는 요소들은 같은지, 다른지 서로 비교가 가능해지는데 이걸 **해시 가능**(hashable)이라고 부르죠. 리스트나 딕셔너리 같은 가변 컨테이너(내장된 자료구조)들은 해당되지 않는 특성인데, 이 **딕셔너리에 해시 가능 특성을 추가**한 것이 카운터입니다.

카운터는 다양한 컨테이너를 이용해서 생성할 수 있습니다. 카운터 객체를 출력하면, 내부 요소들의 개수를 확인할 수 있습니다.

```
1   from collections import Counter
2
3   c1 = Counter(['개', '고양이', '고양이', '오리', '고양이', '개'])
4   c2 = Counter("문자열은 한 글자씩 분할")
5   c3 = Counter(kor=80, math=70)
6   c4 = Counter({'kor': 80, 'math': 70})
7   print(c1)
8   print(c2)
9   print(c3)
10  print(c4)
```

code 2_4_29

elements()

카운터 내부 요소들을 카운팅 하지 않고, chain타입(여러 요소를 사슬처럼 연결한 자료구조) 객체로 돌려줍니다. 요소는 저장된 순서대로 반환되지만, 중복되는 요소는 해당 요소 앞으로 이동합니다. 결과를 확인하기 위해서 리스트로 타입 변환하여 화면에 출력하도록 합니다.

```
1  ...
2  print(list(c1.elements()))
3  print(list(c2.elements()))
```

code 2_4_30

most_common([숫자])

내부 요소와 해당 요소의 개수를 튜플로 구성한 원소들을 개수가 많은 순으로 자동 정렬된 리스트 타입으로 돌려줍니다. 숫자를 생략하면 전체 요소가 출력되고, 숫자를 지정하게 되면 지정한 숫자만큼의 요소만 나타납니다.

```
1  ...
2  print(c1.most_common())
3  print(c1.most_common(1))
```

code 2_4_31

집합 연산자

카운터 객체끼리 집합 연산이 가능합니다. 합집합, 교집합, 차집합 등을 일반 연산자들을 통해 계산할 수 있습니다. 계산의 결과 역시 개수로 출력되며, 아래 코드에 좀 더 자세한 설명을 하도록 하겠습니다.

```
1   from collections import Counter
2   
3   class1 = Counter(boy=15, girl=10)
4   class2 = Counter(boy=12, girl=13)
5   # 두 요소의 개수 합: 'boy': 15+12, 'girl': 10+13
6   print(class1 + class2)
7   # 두 요소의 개수 차: 'boy': 15-12, 'girl': 음수가 나오면 무시
8   print(class1 - class2)
9   # 두 요소의 개수 중 최소 값(교집합)
10  print(class1 & class2)
11  # 두 요소의 개수 중 최대 값(합집합)
12  print(class1 | class2)
```

code 2_4_32

MEMO

PART II

- 반복제어문 심화
- 함수 심화
- 클래스 심화

05

반복제어문 심화

05

반복제어문 심화

PART 2에서 여러 가지 새로운 기술들을 배우고 있습니다만, 가장 중요한 것은 단단한 기초와 이미 배운 기술의 활용과 응용입니다. 이번 시간에는 반복제어문을 활용하여 다양한 문제를 해결하는 방법에 대해서 배워보도록 하겠습니다.

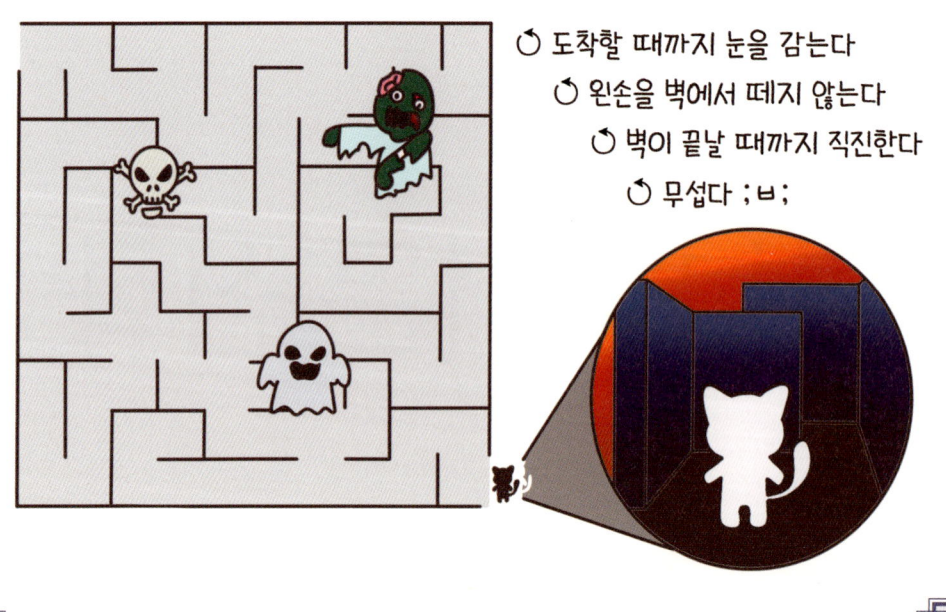

1 로또번호 생성 프로그램

로또는 1부터 45까지의 숫자 6개를 예상하여 맞추는 개수만큼 당첨금을 받을 수 있는 게임입니다. 이 게임을 기초로 하여 프로그램을 개발해보도록 하겠습니다.

1) 외부 모듈과 변수지정

번호를 랜덤으로 뽑아와야 하므로 random모듈을 import합니다. 수의 범위를 1부터 45까지 지정하면 테스트가 어렵기 때문에 20 정도로 지정하고, 마찬가지의 이유로 맞춰야 하는 정답 개수도 조절할 수 있게끔 변수로 지정합니다. 사용자 입력을 받을 수 있는 리스트와 지정한 수의 범위를 기초로 수열을 생성합니다. 이 수열은 당첨 번호 생성과 사용자 입력의 중복을 체크하는데 사용합니다.

```python
import random

num_range = 20   # 숫자 범위
num_of_answer = 5   # 정답 개수
user_answer = []
num_list = list(range(1, num_range + 1))
```

code 2_5_1

딕셔너리를 이용해서 당첨 안내 문장을 저장합니다. num_of_answer값이 5니까, 5는 '1등', 4는 '2등', 3은 '3등', 2는 '5천 원'이 출력될 수 있도록 문자열을 지정합니다.

```python
prize_greeting = {
    5: "1등!",
    4: "2등!",
    3: "3등!",
    2: "5천 원!"
}
```

code 2_5_2

그런데, 만약 num_of_answer값을 6이나 4로 바꾸고 싶을 땐 어떻게 해야 할까요? 딕셔너리의 키를 전부 더하거나 빼서 상황에 맞게 고쳐줘야 합니다. 하지만, num_of_answer 자체를 키로 사용하면 이 문제를 해결할 수 있습니다.

```
1  ...
2  prize_greeting = {
3      num_of_answer: "1등!",
4      num_of_answer - 1: "2등!",
5      num_of_answer - 2: "3등!",
6      num_of_answer - 3: "5천원!"
7  }
```

code 2_5_3

2) random.sample(시퀀스, 개수)

지정한 시퀀스에서 지정한 개수만큼 무작위로 값을 추출하여 리스트를 만들어 줍니다. 값 추출이 중복 없이 이루어진다는 특징이 있습니다. 이것을 이용하여 로또 당첨 번호를 생성합니다.

```
1  ...
2  # 1~max_num의 수 중 crr_num개의 숫자 랜덤 추출
3  prize_num = random.sample(num_list, num_of_answer)
4  # print(prize_num)
```

code 2_5_4

3) 사용자 입력 루프

사용자가 번호를 입력하는 코드를 디자인해 보겠습니다. 프로그래밍 경험이 없는 분들이라면, **의사코드**나 **순서도** 등을 먼저 디자인해 보는 것을 추천합니다. 프로그램의 로직(데이터, 출력 파트를 제외한 데이터를 조작, 제어하는 파트)을 간단한 문장형태로 구성하면 의사코드, 간단한 도형의 형태로 구성하면 순서도라고 부릅니다.

의사코드 작성

프로그램의 개발을 위한 것이기 때문에, 의사코드와 순서도는 반드시 완벽한 형식을 지킬 필요는 없습니다만, 본인은 이해를 할 수 있어야겠죠?

아래는 정말 간단하고 쉽게 풀어 쓴 의사코드입니다. 이 의사코드를 토대로 프로그램을 개발하게 되는데, 의사코드에 문제가 없다면, 프로그램 개발 속도는 의사코드가 없을 때 보다 월등히 빨라집니다.

```
while
    선택 된 수들 출력                    지역은 들여쓰기 로 구분
    숫자 입력 받기
    ? 정상범위로 입력했나?  ← if
        ? 입력받은 수가 선택된 수가 아닌가?
            선택 된 수에 추가
   else     추가 된 수는 다시 선택 안되도록 작업
        ? 아니라면?
   elif         안내하고 처음 입력으로 복귀
    ? 아니면, 0을 입력했나?
        앞으로 남은 개수를 랜덤으로 선택 된 수에 추가
    ? 아니라면?
        안내하고 처음 입력으로 복귀
    ? 모든 수를 입력 했다면?  ← 새로운 if
        안내하고 루프 종료
```

숫자 입력

사용자가 기존에 입력된 수를 파악할 수 있게 하기 위해선, 우선 선택된 수가 저장된 리스트(user_answer)를 출력하고 숫자를 입력받습니다. 정확한 입력을 유도하기 위해서 prompt를 지정하고, 정수형(int)으로 변환합니다.

현재 입력된 값은 해당 범위를 벗어날 수도, 0이 입력될 수도 있기 때문에 바로 user_answer에 저장하지 않고 우선 임시변수(tmp)에 저장합니다.

```
1  ...
2  while True:
3      print("선택 된 수:", user_answer)
4      tmp = int(input("1~{0}의 수 중 하나 입력(0=자동): "
5                      .format(num_range)))
```

code 2_5_5

정상범위 입력 체크

우선 숫자 범위(num_range)에 포함되었는지 확인한 후에, 입력된 수가 user_answer에 저장되어 있는지 체크합니다. 이미 저장이 되어 있다면 다시 입력으로 돌아가면 되고, 저장이 안 되어 있다면 입력값을 user_answer에 추가합니다.

```
1  ...
2      if 1 <= tmp <= num_range:
3          if tmp not in user_answer:
4              user_answer.append(tmp)
5              num_list.remove(tmp)
6          else:
7              print("이미 선택한 번호입니다.")
8              continue
```

code 2_5_6

여기서 중요한 점은, 저장된 입력값은 num_list에서 제외(remove)되어야 한다는 것입니다(5번 줄). 자동으로 수를 선택할 때 num_list를 사용하는데, 중복되는 값이 나오지 않아야 하므로 삭제를 하는 것이죠.

자동기능 구현

입력값이 0인 경우에는 남은 선택지를 전부 자동으로 선택합니다. 남은 선택 횟수는 정답 개수 (num_of_answer)와 user_answer의 개수를 이용하면 구할 수 있습니다. 구한 횟수만큼 num_list에서 랜덤으로 수를 뽑아서 user_answer에 추가합니다.

```
1   ...
2       elif tmp == 0:
3           for i in random.sample(
4                   num_list, num_of_answer - len(user_answer)):
5               user_answer.append(i)
6               # num_list.remove(i)
```
code 2_5_7

앞선 논리로 보자면 num_list.remove를 이용해서 값을 지워주는 게 맞겠지만, 수를 모두 선택하게 되면 더는 체크를 할 필요성이 없어지기 때문에 생략해도 문제가 되지 않습니다.

정상 범위도, 0을 입력하지도 않은 경우

음수나 문자 등의 유효하지 않은 입력을 했을 땐, 적절한 안내 문장을 출력한 이후에 다시 처음 입력상태로 복귀하도록 구현합니다.

```
1   ...
2       else:
3           print("유효하지 않은 입력입니다.")
4           continue
```
code 2_5_8

모든 수의 입력이 끝난 경우

num_of_answer와 user_answer의 개수가 같아지면, 정해진 횟수의 입력이 끝난 것이므로 완료 문장과 함께 사용자가 입력한 값을 출력한 뒤에 루프를 종료합니다.

```
1  ...
2      if num_of_answer == len(user_answer):
3          print("입력완료!", user_answer)
4          break
```
code 2_5_9

4) 당첨번호 체크

우선 사용자가 확인할 수 있게 당첨 번호(prize_num)를 출력합니다. 그 이후에 prize_num와 user_answer를 집합 타입으로 변환(set)한 다음에 교집합 연산(intersection)을 진행합니다. 교집합은 두 집합의 공통 원소만을 추출하기 때문에, 이 결과의 원소 개수가 결국 몇 개의 번호가 일치하는지를 나타냅니다.

```
1  ...
2  # 당첨 번호 체크
3  print("정답체크!", prize_num)
4  cnt = len(set(prize_num).intersection(set(user_answer)))
```
code 2_5_10

당첨 안내 문장을 저장해둔 딕셔너리의 키 값들 중에 cnt값이 포함이 된다면, 당첨이 보장된 것이죠? cnt를 '키'로 사용하여 해당 당첨 안내 문장을 출력합니다.

```
1  ...
2  if cnt in prize_greeting.keys():
3      print(prize_greeting[cnt])
4  else:
5      print("낙첨되었습니다.")
```
code 2_5_11

전체 코드 살펴보기

```python
import random

num_range = 20  # 숫자 범위
num_of_answer = 5  # 정답 개수
user_answer = []
num_list = list(range(1, num_range + 1))
prize_greeting = {
    num_of_answer: "1등!",
    num_of_answer - 1: "2등!",
    num_of_answer - 2: "3등!",
    num_of_answer - 3: "5천원!"
}
# 1~max_num의 수 중 crr_num개의 숫자 랜덤 추출
prize_num = random.sample(num_list, num_of_answer)

# 사용자 입력
while True:
    print("선택 된 수:", user_answer)
    tmp = int(input("1~{0}의 수 중 하나 입력(0=자동): "
                    .format(num_range)))
    if 1 <= tmp <= num_range:
        if tmp not in user_answer:
            user_answer.append(tmp)
            num_list.remove(tmp)
        else:
            print("이미 선택한 번호입니다.")
            continue
    elif tmp == 0:
        for i in random.sample(
                num_list, num_of_answer - len(user_answer)):
            user_answer.append(i)
            # num_list.remove(i)
    else:
        print("유효하지 않은 입력입니다.")
        continue
```

```python
37      if num_of_answer == len(user_answer):
38          print("입력완료!", user_answer)
39          break
40
41  # 당첨번호 체크
42  print("정답체크!", prize_num)
43  cnt = len(set(prize_num).intersection(set(user_answer)))
44  if cnt in prize_greeting.keys():
45      print(prize_greeting[cnt])
46  else:
47      print("낙첨되었습니다.")
```

code 2_5_12

전체 코드를 참고하여 프로그래밍의 흐름을 파악해보시기 바랍니다.

실행 예시

```
1  선택 된 수: []
2  1~20의 수 중 하나 입력(0=자동): 2
3  선택 된 수: [2]
4  1~20의 수 중 하나 입력(0=자동): 5
5  선택 된 수: [2, 5]
6  1~20의 수 중 하나 입력(0=자동): 0
7  입력완료! [2, 5, 18, 17, 14]
8  정답체크! [7, 10, 9, 20, 6]
9  낙첨되었습니다.
```

```
1  선택 된 수: []
2  1~20의 수 중 하나 입력(0=자동): 0
3  입력완료! [14, 6, 18, 7, 16]
4  정답체크! [9, 16, 18, 7, 6]
5  2등!
```

2 별 문자 그리기

중첩되는 for문을 공부하면서 반드시 보게 되는 문제가 별(*)을 그리는 것입니다. 이 책에서도 역시 별을 그리면서 중첩 for문의 원리를 전전히 배워보도록 하겠습니다.

1) print함수의 기능 확장

for문을 이용해서 별을 연속하여 출력해보면, 세로로 출력이 되는 것을 알 수 있습니다. print의 기본 기능 중, 줄을 바꿔주는 기능이 존재하기 때문이죠.

```
1  for i in range(5):
2      print("*")
```
code 2_5_13

print(self, *args, sep=' ', end='\n', file=None)

사실 **print함수**는 문자열뿐 아니라 여러 인수를 지정할 수 있습니다. 다 알고 계실 필요는 없지만, 딱 두 가지는 기억해두시면 프로그래밍이 편리해집니다. sep는 **출력 요소 사이의 구분자를 지정**해 줍니다. 기본값은 공백이고요. 그 때문에 여러 요소를 출력할 때, 빈칸이 생성되는 것입니다. 만약 sep에 하이픈(-)을 지정하게 되면, 공백 대신 하이픈으로 구분하여 출력됩니다.

```
1  print(1, 2, 3, 4, 5, sep="-")
2  print(1, 2, 3, 4, 5, sep=", ")
```
code 2_5_14

end는 출력이 끝난 뒤, **마지막으로 출력할 문자열**을 지정합니다. 기본값이 줄 바꿈 문자(\n)기 때문에 줄이 자동으로 바뀌게 되는 것입니다. 이 문자를 지워볼까요?

```
1  for i in range(5):
2      print(i, end="")
```
code 2_5_15

2) 패턴 파악하기

3을 입력했을 때, 아래와 같은 형태의 별을 출력해야 한다고 가정해보겠습니다.

```
1    ***
2    ***
3    ***
```

위와 같은 방식으로 진행하는 프로그램에 4를 입력했다면, 결과가 어떻게 나올까요?

```
1    ****
2    ****
3    ****
4    ****
```

입력한 수를 N이라고 한다면, *을 N번 출력하고 줄을 바꾸는 작업을 N번 반복합니다. 좀 더 자세하게 단계를 나눠보면 아래와 같습니다.

```
1    n = 4
2    n번 반복
3        n번 반복
4            *출력
5        줄 바꿈
```

의사코드를 기초로 코드를 디자인합니다. n에 어떤 수를 넣더라도 같은 형태의 결과를 출력할 수 있어야 합니다. 각 for문의 역할을 생각하면서 코드를 분석해보세요.

```
1    n = 4
2    for r in range(1, n + 1):
3        for c in range(1, n + 1):
4            print("*", end="")   # 기본 줄바꿈 삭제
5        print()
```

code 2_5_16

3) 패턴 변형하기

이번엔 아래의 형태를 출력하도록 패턴을 변형해보겠습니다.

```
1  *
2  **
3  ***
4  ****
```

기본 틀이 변하진 않는다

출력하는 별의 개수가 변했지만, 반복을 한다는 점과 줄이 바뀐다는 큰 틀이 바뀌진 않습니다. 따라서, 우리가 집중해야 하는 것은 for문의 사이클마다 반복 횟수를 다르게 할 수 있도록 **패턴을 변형**해야 하는 것이죠.

위쪽의 형태를 패턴 분석하기 쉽도록 표 형태로 변환해보겠습니다.

행 번호(r)	* 반복 횟수(c)
1	1
2	2
3	3
4	4

표를 통해 살펴보면, 행 번호와 반복 횟수가 동일한 점을 파악할 수 있습니다. 다시 말해 위처럼 별을 출력하려면, r번 반복을 하면 된다는 뜻이 됩니다. 결국, 안쪽 for문의 range파트만 변경하면 되는 것이죠.

```
1  n = 4
2  for r in range(1, n + 1):
3      for c in range(1, r + 1):
4          print("*", end="")
5      print()
```

code 2_5_17

이번엔 아래와 같은 형태를 살펴볼까요? 첫 줄에 별이 안 보이지만, 출력을 안 한다는 것이 아니라 출력을 0회 한다고 해석을 하면 이해가 쉽습니다.

```
1
2   *
3   **
4   ***
```

행 번호(r)	*반복 횟수(c)
1	0
2	1
3	2
4	3

```
1  n = 4
2  for r in range(1, n + 1):
3      for c in range(1, r):   # r+1-1
4          print("*", end="")
5      print()
```

code 2_5_18

계속해서 다른 형태도 살펴보겠습니다.

```
1   *
2   ***
3   *****
4   *******
```

행 번호(r)	*반복 횟수(c)	공식
1	1	
2	3	r*2 - 1
3	5	
4	7	

항상 range에 +1 이 포함되기 때문에 식이 헷갈릴 수 있으니 주의하세요!

```
1  n = 4
2  for r in range(1, n + 1):
3      for c in range(1, r * 2):    # (r * 2 - 1) + 1
4          print("*", end="")
5      print()
```

code 2_5_19

역순으로 나타내기

```
1  ****
2  ***
3  **
4  *
```

별 출력의 개수가 점점 증가하는 경우는 곱하거나 더하면 되고, 역순으로 나타내기 위해서는 반대로 나누거나, 빼면 됩니다. 다시 한번 언급하겠습니다. 기본 반복문의 틀을 바꾸는 것이 아닌, **반복 패턴을 분석**하는 것이 포인트입니다.

n = 4

행 번호(r)	* 반복 횟수(c)	공식
1	4	
2	3	n - r + 1
3	2	
4	1	

```
1  n = 4
2  for r in range(1, n + 1):
3      for c in range(1, n - r + 2):    # (n - r + 1) + 1
4          print("*", end="")
5      print()
```

code 2_5_20

4) 이등변 패턴 파악

직각삼각형이 아닌 이등변 삼각형 형태의 별을 그리는 방법에 대해 고민해볼까요?

```
1     *
2    ***
3   *****
4  *******
```

이등변 삼각형의 특징은, 왼쪽에 보이지 않는 공백이 존재한다는 점입니다. 가시성을 위해서 빈칸을 a로 바꾸고 둘을 분리해서 생각해 보겠습니다.

```
1  aaa*           aaa           *
2  aa***          aa            ***
3  a*****         a             *****
4  *******                      *******
```

분리해보니 좀 전에 했던 패턴들이죠? 안쪽에 a(사실은 빈칸)를 위한 for문을 추가하면 큰 어려움 없이 해결이 가능할 겁니다.

```
1  n = 4
2  for r in range(1, n + 1):
3      for c in range(1, n - r +1):
4          print("a", end="")
5      for c in range(1, r * 2):
6          print("*", end="")
7      print()
```

code 2_5_21

여러 가지 패턴을 연구해보자

마름모, X자, 모래시계 모양 등 다양한 패턴으로 별을 그릴 수 있습니다. 중요한 것은, n에 어떤 수를 넣더라도 그 패턴을 유지할 수 있도록 프로그래밍하는 겁니다.

3 구구단 출력하기

아래와 같은 형식의 구구단을 출력하는 프로그램을 개발해보겠습니다.

```
1   2 x 1 =  2   2 x 2 =  4   2 x 3 =  6
2   2 x 4 =  8   2 x 5 = 10   2 x 6 = 12
3   2 x 7 = 14   2 x 8 = 16   2 x 9 = 18
4
5   3 x 1 =  3   3 x 2 =  6   3 x 3 =  9
6
7   ...
8
9   8 x 7 = 56   8 x 8 = 64   8 x 9 = 72
10
11  9 x 1 =  9   9 x 2 = 18   9 x 3 = 27
12  9 x 4 = 36   9 x 5 = 45   9 x 6 = 54
13  9 x 7 = 63   9 x 8 = 72   9 x 9 = 81
```

우선, 단이 끝날 때마다 빈 줄이 출력됩니다(4, 10번 줄).

```
1   for lv in range(2, 10):
2       # 단 시작
3       ...
4       # 단 종료
5       print()
```

code 2_5_22

1부터 9까지 곱하기 때문에 **range(1, 10)**을 사용하지만, 한 줄에 3회 출력을 해야 하므로 줄이 바뀔 때마다 3단계씩 증가하도록 구성합니다.

```
1   # 단 시작
2   for step in range(1, 10, 3):
3       ...
4       print()
```

code 2_5_23

step 값은 1부터 10전까지 1, 4, 7 순서로 증가합니다. 이 step값에 c를(0~2) 더하면 1+(0, 1, 2), 4+(0, 1, 2), 7+(0, 1, 2) 순으로 값이 증가하게 됩니다. 각각 3번 출력 후 줄 바꿈 합니다. 아래 전체 코드를 분석해 보세요.

```python
1   for lv in range(2, 10):
2       # 단 시작
3       for step in range(1, 10, 3):
4           for c in range(3):
5               print("{0} x {1} = {2:2}".format(
6                   lv, step + c, lv * (step + c)
7               ), end=" ")
8           print()
9       # 단 종료
10      print()
```

code 2_5_24

열, 행 반전 구구단

열과 행이 반전된 구구단을 출력하기 위해서는 어떻게 해야 할까요?

```
1    2 x 1 =  2   2 x 4 =  8   2 x 7 = 14
2    2 x 2 =  4   2 x 5 = 10   2 x 8 = 16
3    2 x 3 =  6   2 x 6 = 12   2 x 9 = 18
4
5    3 x 1 =  3   3 x 4 = 12   3 x 7 = 21
6
7    ...
8
9    8 x 3 = 24   8 x 6 = 48   8 x 9 = 72
10
11   9 x 1 =  9   9 x 4 = 36   9 x 7 = 63
12   9 x 2 = 18   9 x 5 = 45   9 x 8 = 72
13   9 x 3 = 27   9 x 6 = 54   9 x 9 = 81
```

정답은 없습니다. 여러분들만의 코드를 고민해보시고, 아래의 코드와 비교해 보시기 바랍니다.

lv	step	c	{lv} x {step+c}
2	1	0	2 x 1
		1	2 x 2
		2	2 x 3
		줄 바꿈	
	4	0	2 x 4
		1	2 x 5
		2	2 x 6
		줄 바꿈	
	7	0	2 x 7
		1	2 x 8
		2	2 x 9
		줄 바꿈	
	줄 바꿈		

```
1  for lv in range(2, 10):
2      # 단 시작
3      for step in range(1, 4):
4          for c in range(0, 7, 3):
5              print("{0} x {1} = {2:2}".format(
6                  lv, step + c, lv * (step + c)
7              ), end="  ")
8          print()
9      # 단 종료
10     print()
```

code 2_5_25

PART II

- 함수 심화
- 클래스 심화
- 입출력

06

함수 심화

함수 심화

함수는 요리의 레시피와 같습니다. 정해진 레시피대로 재료(인수)를 넘겨주면 요리가 완성되는 것이죠. 요리 레시피는 좀 더 편하게 요리를 할 수 있게 합니다. 하지만, 누구나 레시피 대로만 요리해 먹진 않죠? 본인에 입맛에 따라 재료를 바꾸거나 가감하여 요리해 먹기도 합니다. 이번 장에서는, **함수를 다양하게 변형하는 기술**에 관해서 공부해보도록 하겠습니다.

1 상세설명달기

어노테이션과 **독스트링**을 이용하면, 함수의 쓰임새를 더욱 정확히 파악하는 데 도움을 얻거나 줄 수 있습니다. 둘 다 선택사항이므로 무조건 사용할 필요는 없습니다.

1) 어노테이션

매개변수를 정의할 때, 식별자만 가지고 해당 **변수의 정확한 유형을 파악**하기 어려운 경우가 있습니다. 예를 들자면, ham이라는 변수가 있을 때, 햄의 수량을 넣어야 하는지, 햄의 종류를 넣어야 하는지 불분명하죠?

함수를 호출할 때, 함수명 위에 마우스를 올려두면 함수의 툴 팁을 볼 수 있는데요. 함수의 매개변수 종류와 리턴 타입(반환형)이 나타납니다.

```
1  def breakfast(ham, egg):
2      s = "아침으로 햄 {}개와 계란{}개를 먹습니다."
3      s = s.format(ham, egg)
4      return s
5
6  print(breakfast(2, 1))   # 함수명에 마우스 위치
```

code 2_6_1

```
print(breakfast(2, 1))    # 함수명에 마우스 위치
print(breakfa
              part2_6_1
              def breakfast(ham: Any,
                            egg: Any) -> str
```

아무것도 지정하지 않을 경우엔 Any라고 나옵니다. 타입을 지정하려면, 매개변수 뒤에 콜론(:)과 함께 타입을 지정합니다. ->와 함께 리턴 타입을 지정할 수도 있습니다. 지정 후 다시 마우스를 가져가면 타입이 표시됩니다.

```
1    def breakfast(ham: int, egg: int) -> str:
2        s = "아침으로 햄 {}개와 계란{}개를 먹습니다."
3        s = s.format(ham, egg)
4        return s
```

code 2_6_2

```
print(breakfast(2, 1))    # 함수명에 마우스 위치
print(breakfa
              part2_6_1
              def breakfast(ham: int,
                            egg: int) -> str
```

__annotations__

지정된 어노테이션들은 함수 내 특수 속성인 **__annotations__**에 딕셔너리 형태로 자동 저장됩니다.

```
1    print(breakfast.__annotations__)
```

code 2_6_3

2) 독 스트링

매개변수의 타입뿐 아니라, 함수의 기능이나 좀 더 **자세한 설명을 적기 위한 구역**을 제공하는데, 이 영역을 독 스트링이라고 합니다. 3개의 큰따옴표로 감싼 문자열 전체를 통해서 함수의 로직과 매개변수의 역할 및 리턴 값에 대해서 좀 더 자세한 설명을 기록할 수 있습니다.

```
1   def breakfast(ham: int, egg: int) -> str:
2       """
3       아침을 얼마나 먹는지 출력하는 함수입니다.
4       여러 줄로 입력할 수 있습니다.
5       아래 빈 줄이 존재해야 합니다.
6
7       :param ham: 아침에 먹은 햄의 개수
8       :param egg: 아침에 먹은 계산의 개수
9       :return: ham과 egg를 형식에 맞춰 리턴
10      """
11      s = "아침으로 햄 {}개와 계란{}개를 먹습니다."
12      s = s.format(ham, egg)
13      return s
```

code 2_6_4

어노테이션과 마찬가지로, 마우스를 가져가면 설명을 확인할 수 있습니다.

```
print(breakfast(2, 1))   # 함수명에 마우스 위치
print(breakf
print(help(b   part2_6_1
              def breakfast(ham: int,
                            egg: int) -> str

              아침을 얼마나 먹는지 출력하는 함수입니다.
              여러 줄로 입력할 수 있습니다. 아래 빈 줄이
              존재해야 합니다.

              Params: ham – 아침에 먹은 햄의 개수
                      egg – 아침에 먹은 계산의 개수
pData\Local\P  Returns: ham과 egg를 형식에 맞춰 리턴
```

help([객체])

help함수를 사용하면 독 스트링값을 콘솔(결과화면)에 출력할 수 있습니다.

```
1   print(help(breakfast))
```

code 2_6_5

2 매개변수 활용

1) 기본(선택적) 인자 값

조금 전 **breakfast함수**에 아침을 먹는 시간을 추가해 보겠습니다. 아침은 항상 8시에 먹습니다. (지면 사정상 독스트링과 어노테이션은 제거하겠습니다).

```
1  def breakfast(ham, egg):
2      time = 8
3      s = "{}시에 아침으로 햄 {}개와 계란{}개를 먹습니다."
4      s = s.format(time, ham, egg)
5      return s
6
7  print(breakfast(2, 1))
```

code 2_6_6

일이 너무 바빠서, 가끔 늦게 일어나는 경우엔 어떻게 해야 할까요? time을 매개변수로 지정하여 값을 입력받아서 진행하면 됩니다.

```
1  def breakfast(ham, egg, time):
2      s = "{}시에 아침으로 햄 {}개와 계란{}개를 먹습니다."
3      s = s.format(time, ham, egg)
4      return s
5
6  print(breakfast(2, 1, 10))
```

code 2_6_7

그런데, 정말 어쩌다 한번 가끔 늦게 일어나는 건데 매번 시간을 적는 건 좀 불편한 거 같죠? 이럴 때, **기본 인자 값**을 지정하여 해결할 수 있습니다. 만약, 함수 호출 시에 해당 인자를 넘겨주지 않는다면 지정한 기본 인자 값이 할당되어 함수가 진행됩니다. 이렇게 지정된 값 역시 함수 설명 툴 팁에서 확인 가능합니다.

```
1  def breakfast(ham, egg, time=8):
2      s = "{}시에 아침으로 햄 {}개와 계란{}개를 먹습니다."
3      s = s.format(time, ham, egg)
4      return s
5
6  print(breakfast(2, 1, 10))
7  print(breakfast(1, 2)) # 기본 인자 적용
```

code 2_6_8

```
part2_6_1
def breakfast(ham: Any,
              egg: Any,
              time: int = 8) -> str
```

우리가 자주 사용하는 **print함수** 역시 기본 인자가 적용되어 있습니다. 구분자를 지정하는 sep과 출력 뒤 마지막으로 출력할 문자를 지정하는 end 등을 매번 입력할 필요가 없는 이유가 바로 이 기본 인자 덕분입니다.

2) 키워드 인자

기본 인자가 많은 경우에, 직접 매개 변수를 지정하여 인수를 넘겨줄 수 있습니다.

```
1  def breakfast(ham, egg=2, time=8):
2      time = 8
3      s = "{}시에 아침으로 햄 {}개와 계란{}개를 먹습니다."
4      s = s.format(time, ham, egg)
5      return s
6
7  print(breakfast(1, time=10)) # egg에 기본 인자 적용
```

code 2_6_9

인자들의 우선순위

선택적 인자들의 순서는 따로 없지만, 기본(위치) 인자 뒤에 존재해야 합니다.

3) 특수 매개 변수

슬래시(/) 와 *을 이용해서 위치 인자와 키워드 인자를 구분할 수 있습니다.

def f(pos1, pos2, /, pos_or_kwd, *, kwd1, kwd2) **:**

/ 이전에 정의된 매개변수는 **위치**(위치에 맞게 값 입력) **인자로만 전달**이 가능합니다. 인자의 순서를 강제하고 싶을 때나 매개변수의 이름을 사용할 수 없도록 하려면 위치 전용을 사용하세요.
* 다음에 정의된 매개변수는 **키워드**(매개변수 = 값) **인자로만 전달**이 가능합니다. 매개변수 명을 인지할 수 있기 때문에 함수에 대한 이해가 쉬워집니다.
/ 와 * 사이에 정의된 매개변수 **위치 및 키워드 인자로 전달**이 가능합니다.

4) 임의의 인자 목록

print(self, *args, sep=' ', end='\n', file=None)

*args처럼 매개변수들의 사이가 아닌 매개변수의 앞에 붙게 되면, 여러 개의 인수(인자)를 튜플의 형태로 묶어서 args에 할당합니다.

```
1    print("여기", "있는", "모든", "인수가")  # args에 튜플형태로 할당
```

code 2_6_10

3 람다 표현식

반복적으로 사용해야 하는 코드를 함수로 만들어서 사용합니다. 그런데, 함수로 만들긴 했는데 그 내용이 너무 짧은 경우들이 있죠? 이런 경우에는 람다(lambda)를 사용하여 간단하게 표현할 수 있습니다.

```
1  def cube(num):
2      return num ** 3
3
4  print(cube(5))
```

code 2_6_11

식별자 = lambda 인수 : 명령

위 코드를 람다 표현식으로 변경하면 아래와 같습니다.

```
1  cube = lambda n: n ** 3
2  print(cube(5))
```

code 2_6_12

1) 람다와 map

시퀀스의 모든 요소를 함수에 적용한 결과를 돌려줍니다. 우선 for문을 사용하면 아래와 같습니다.

```
1  lst_src = [2, 3, 6, 7, 9]
2  lst_def = []
3  cube = lambda n: n ** 3
4  for i in lst_src:
5      lst_def.append(cube(i))
6
7  print(lst_def)
```

code 2_6_13

map(함수, 시퀀스)

map함수와 람다 표현식을 활용하면 획기적으로 줄일 수 있습니다. 결과 확인을 위해 리스트로 변환합니다.

```
1  lst_src = [2, 3, 6, 7, 9]
2  cube = lambda n: n ** 3
3  lst_def = list(map(cube, lst_src))
4
5  print(lst_def)
```

code 2_6_14

2) 람다와 filter

시퀀스의 모든 요소를 함수에 적용하여 결과가 참이 나온 요소만 묶어서 결과로 돌려줍니다. 마찬가지 결과 확인을 위해 리스트로 변환합니다.

```
1  lst_src = [2, 3, 6, 7, 9]
2  even = lambda n: n % 2 == 0
3  lst_def = list(filter(even, lst_src))
4
5  print(lst_def)
```

code 2_6_15

res = "합격" if score >= 80 else "불합격"

람다 표현식처럼, 단순 할당에 필요한 if는 한 줄로 줄일 수 있습니다.

```
1  if score >= 80:
2      res = "합격"
3  else:
4      res = "불합격"
```

code 2_6_16

PART II

- 클래스 심화
- 입출력

07

클래스 심화

07

클래스 심화

객체지향 프로그램은 **클래스로 시작해서 클래스로 끝납니다**. 클래스를 완벽히 다룰 수 없다면, 파이썬을 완벽히 다룰 수 없는 것과 마찬가지입니다. 이번 장에서는 상속과 메소드 오버라이딩 등 **클래스의 다양한 기능**을 마스터 할 수 있도록 실습을 통해서 학습을 진행하도록 하겠습니다.

1 클래스 변수와 인스턴스 변수

클래스와 인스턴스, 객체의 차이를 다시 한번 짚어보겠습니다. 자동차 객체를 인스턴스화 (instantiation)하기 위해 필요한 설계도를 클래스라고 하고, 설계도(class)를 통해 인스턴스화 된 자동차를 인스턴스라고 하며, 여러 설계도를 통해서 생성되는 인스턴스들을 객체라고 부릅니다. 예를 들면, 자동차 설계도와 타이어 설계도, 엔진 설계도 등은 클래스라고 할 수 있고 이 설계도들을 통해서 인스턴스화 되는 실제 작동(기능수행)이 가능한 모든 인스턴스를 객체라고 합니다. 자동차 설계도를 통해 생성된 자동차 객체를 '자동차 클래스의 인스턴스'라고 부르는 것이죠.

1) 클래스 변수

기능수행을 할 수 없는 설계도에도 변수 지정이 가능합니다. 클래스에 정의된 변수는 **모든 인스턴스에서 접근이 가능**합니다. 클래스 내부에서는 클래스명으로 접근할 수 있고, 외부에서는 인스턴스명으로도 접근이 가능합니다. 클래스 변수는 데이터 공유가 가능하지만, 보안이 취약하기 때문에 주의해야 합니다.

```python
class Car:
    cnt = 0
    def __init__(self):
        Car.cnt += 1
        print("{}번째 인스턴스 생성".format(Car.cnt))

c1 = Car()
c2 = Car()
c3 = Car()
print(Car.cnt)   # 같은 위치의 클래스 변수 참조
print(c1.cnt)    # 같은 위치의 클래스 변수 참조
```

code 2_7_1

private 변수

인스턴스 내부에서는 서로 공유가 가능하지만, **외부에서 접근이 불가능**한 변수를 생성하려면, 변수 앞에 언더스코어(_)를 두 개 붙이면 됩니다.

```
1  class Car:
2      __cnt = 0
3
4      def __init__(self):
5          Car.__cnt += 1
6          print("{}번째 인스턴스 생성".format(Car.__cnt))
7
8  c1 = Car()
9  c2 = Car()
10 c3 = Car()
11 print(Car.__cnt)   # 에러
12 print(c1.__cnt)    # 에러
```

code 2_7_2

2) 인스턴스 변수

인스턴스 자신(self)이나, 할당된 변수명으로 접근하여 인스턴스 변수를 생성, 접근할 수 있습니다. 인스턴스 변수는 **각각 고유한 값**을 가집니다. 인스턴스 변수는 외부에서도 생성이 가능한데, 이 경우엔 해당 인스턴스에만 변수가 생성됩니다.

```
1  class Car():
2      def __init__(self, color):
3          self.color = color
4
5  c1 = Car("핑크")
6  c2 = Car("파랑")
7  c1.name = "공주"   # c1인스턴스에만 생성
8  print(c1.color, c2.color)
9  print(c1.name)
```

code 2_7_3

2 캡슐(은닉)화

1) 정보은닉

클래스의 가장 큰 특징 중 하나는 정보를 은닉(감춤)하는 것입니다. 레스토랑을 생각해 보세요. 홀과 주방이 나뉘는 이유는, 혹시 모를 오염을 방지하고 효율적인 제어를 위한 목적이 있습니다. 꼭 실수에 의한 오염방지가 아니더라도, **객체 안의 정보들은 내부에서만 제어되는 구조가 가장 이상적**인 형태입니다.

김치찌개를 주문했을 때, 좀 더 매운 요리를 원한다면 방법은 크게 두 가지입니다. 첫째로는 직접 주방에 들어가서 매운 양념을 추가하는 것이고, 두 번째로는 매운 양념을 추가해달라고 '요청'하는 것이죠. 어떤 방법이 이상적인지는 자연스럽게 파악이 가능합니다.

아래에, 직접 값을 핸들 할 수 있는 클래스가 있습니다.

```
1  class KimchiStew:
2      def __init__(self):
3          self.spicy = 5
4
5  f1 = KimchiStew()
6  f1.spicy = 100
```

code 2_7_4

getter, setter 정의

데이터를 숨기고, 특정 메소드를 통해서만 핸들 할 수 있도록 지정합니다. 메소드를 정의하기 때문에, 데이터 수정 선후로 여러 기능을 추가할 수도 있습니다. 예를 들면, 일정 수준 이상 또는 이하의 맵기는 설정할 수 없게 하거나, 새로운 맵기를 설정하는 것이 아닌, 기존의 맵기를 증가 및 감소시키는 형태의 기능을 넣을 수도 있겠죠?

```python
1   class KimchiStew:
2       def __init__(self):
3           self.__spicy = 5
4   
5       def get_spicy(self):
6           return self.__spicy
7   
8       def set_spicy(self, num):
9           if 0 < num <= 10:
10              print("맵기", num, "으로 설정합니다.")
11              self.__spicy = num
12          else:
13              print("맵기는 1~10으로 설정해야 합니다.")
14  
15      def up_spicy(self):
16          self.set_spicy(self.__spicy + 1)
17  
18      def down_spicy(self):
19          self.set_spicy(self.__spicy - 1)
20  
21  f1 = KimchiStew()
22  f1.set_spicy(15)
23  f1.set_spicy(8)
24  f1.up_spicy()
25  print(f1.get_spicy())
```

code 2_7_5

2) 프로퍼티

접근성을 제한하면 어쩔 수 없이 불편함이 생깁니다. 캡슐화가 되지 않은 형태의 클래스보다는 접근성이 떨어지기 때문인데요. 프로퍼티를 사용하면 **캡슐화의 기능은 유지**한 상태에서, **접근성을 높일** 수 있습니다. 위 코드를 기반으로 프로퍼티를 설정하는 방법에 대해서 알아보겠습니다.

get_spicy 변형

데코레이터(@)와 property 키워드를 사용하여 프로퍼티를 정의하고, **get_spicy**를 **spicy**로 변경합니다. 이제부터는 **get_spicy**를 호출하는 것이 아닌, 변수를 할당하듯 **spicy**를 사용합니다.

```
1    @property
2    def spicy(self):
3        return self.__spicy
```

code 2_7_6

set_spicy 변형

@와 위에서 지정한 메소드명(spicy).setter 키워드를 사용하여 정의합니다. **set_spicy**를 **spicy**로 변경합니다. getter와 setter의 이름이 같은 점을 주의하세요!

```
1    @spicy.setter
2    def spicy(self, num):
3        if 0 < num <= 10:
4            print("맵기", num, "으로 설정합니다.")
5            self.__spicy = num
6        else:
7            print("맵기는 1~10으로 설정해야 합니다.")
```

code 2_7_7

프로퍼티가 완성되면, 메소드 호출이 아닌 일반적인 할당문으로 표현식을 변경합니다 사용이 편리해지고, 결과는 프로퍼티 사용 전과 똑같습니다.

```
1    f1.spicy = 15
2    f1.spicy = 8
3    f1.up_spicy()
4    print(f1.spicy)
```

code 2_7_8

3) 상속

기존의 클래스를 상속받아서 더 다양한 기능이 추가된 클래스를 디자인할 수 있습니다. 작은 카페를 차려볼까요? 우선 Tea와 Ade클래스를 디자인합니다.

```
1  class Tea:
2      def __init__(self):
3          self.qnt = {"밀크티": 10, "아이스티": 10, "그린티": 10}
4
5      def milk_t(self):
6          print("밀크티 나왔습니다.")
7
8      def ice_t(self):
9          print("복숭아 아이스티 나왔습니다.")
10
11     def green_t(self):
12         print("녹차 나왔습니다.")
13
14 class Ade:
15     def __init__(self):
16         self.qnt = {"레몬": 8, "청포도에이드": 8, "오렌지에이드": 8}
17
18     def lemon_a(self):
19         print("레몬에이드 나왔습니다.")
20
21     def grape_a(self):
22         print("청포도에이드 나왔습니다.")
23
24     def orange_a(self):
25         print("오렌지에이드 나왔습니다.")
```

code 2_7_9

이번엔 coffee클래스를 디자인하여 Tea클래스를 상속받아 보겠습니다. Tea클래스를 상속받은 coffee클래스의 인스턴스는 Tea클래스의 모든 속성과 메소드를 사용할 수 있습니다. 클래스명 우측 괄호에 상속받고 싶은 클래스명을 적습니다.

```
1   ...
2   class Coffee(Tea):
3       def __init__(self):
4           self.qnt = {"에스프레소": 8, "아메리카노": 8, "카페라떼": 8}
5
6       def espresso(self):
7           print("에스프레소 나왔습니다.")
8
9       def americano(self):
10          print("아메리카노 나왔습니다.")
11
12      def caffe_latte(self):
13          print("카페라떼 나왔습니다.")
14
15  store1 = Coffee()
16  store1.americano()
17  store1.green_t()
```

code 2_7_10

상위 클래스 생성자 호출

모든 클래스의 생성자 메소드를 보면 같은 이름(self.qnt)의 딕셔너리를 정의하고 있습니다. 하지만, 지금 상태에서 self.qnt를 출력해보면 Coffee객체의 데이터만 출력이 되는 것을 확인할 수 있습니다.

```
1  print(store1.qnt)
```
code 2_7_11

모든 데이터를 출력하기 위해서는 2가지 작업이 필요합니다. 우선, **super함수**를 이용해서 상위 클래스(Tea)의 생성자를 호출해야 합니다. 그다음, 상위 객체에서 생성된 self.qnt와 하위 클래스(Coffee)의 딕셔너리({"에스프레소": 8, "아메리카노": 8, "카페라떼": 8})를 합치면 됩니다. **딕셔너리 언패킹 연산자**(**)를 이용하여 언패킹 후 다시 중괄호로 감싸면, 두 딕셔너리를 하나로 합칠 수 있습니다.

```
1  class Coffee(Tea):
2      def __init__(self):
3          super().__init__()  # 상위 클래스 생성자 호출
4          self.qnt = {
5              **self.qnt,  # 딕셔너리 언패킹
6              **{"에스프레소": 8, "아메리카노": 8, "카페라떼": 8}
7          }
```
code 2_7_12

다중 상속

파이썬은 다중 상속이 가능합니다. 하지만 **포함 관계가 애매하고 복잡해질 수 있기 때문에** 초급자 분들은 가급적 사용하지 않는 것이 좋습니다. 일단 다중 상속을 하게 되면 **super함수** 대신 각각의 클래스 이름으로 생성자를 호출해야 하며, 하위 객체(self)를 인수로 넘겨줘야 합니다.
그리고, 현재 코드에서는 모든 클래스에 같은 이름의 딕셔너리가 있기 때문에 데이어 생성 순서에 유의하여 코드를 작성해야 합니다.

```python
class Coffee(Tea, Ade):      # 다중 상속
    def __init__(self):
        Tea.__init__(self) # Tea 클래스 생성자 호출
        # {"밀크티": 10, "아이스티": 10, "그린티": 10}
        tmp1 = self.qnt
        Ade.__init__(self) # Ade 클래스 생성자 호출
        # {"레몬": 8, "청포도에이드": 8, "오렌지에이드": 8}
        tmp2 = self.qnt
        self.qnt = {
            **tmp1, **tmp2,  # 딕셔너리 언패킹
            **{"에스프레소": 8, "아메리카노": 8, "카페라떼": 8}
        }
...
store1.lemon_a()
print(store1.qnt)
```

code 2_7_13

메소드 오버라이딩

상위 클래스의 메소드를 다시 재정의해서 사용할 수 있습니다. Tea클래스의 ice_t메소드는 복숭아 아이스티를 제공합니다. 이 메소드를 재정의하면, 레몬 아이스티를 제공할 수 있습니다.
파이참은 메소드의 왼쪽 줄 번호 구역에 작은 아이콘을 표시함으로써 오버라이딩 여부를 판단할 수 있습니다.

```
 8         def ice_t(self):
 9             print("복숭아 아이스티 나왔습니다.")
10
48
49         def ice_t(self):
50             print("레몬 아이스티 나왔습니다.")
51
```

```
 1  class Tea:
 2      ...
 3      # 원본 메소드
 4      def ice_t(self):
 5          print("복숭아 아이스티 나왔습니다.")
 6
 7  ...
 8
 9  class Coffee(Tea, Ade):     # 다중 상속
10      ...
11      # 오버라이딩 됨
12      def ice_t(self):
13          print("레몬 아이스티 나왔습니다.")
14
15  store1.ice_t()
```

code 2_7_14

PART II

- 입출력

08

입출력

08

입출력

데이터 처리량이 늘어나게 되면, 다른 곳(외부)에 있는 파일을 불러오기도 하고, 작업한 내용을 외부 파일에 저장하기도 합니다. 여러 기능을 활용하기 위해 새로운 모듈을 설치하는 경우도 생기고, 개발 영역을 확장하면서 여러 오류가 발생하면 그에 대한 처리 기능을 구현해야 하기도 하죠. PART 2 마지막 시간은, 이러한 **외부 요소들을 처리하는 방법**에 대해서 알아보도록 하겠습니다.

1 패키지&모듈관리

1) 파이참 터미널 사용

Alt + F12를 누르면 프로그램 하단에 터미널 창이 열립니다. 실행 환경에 따라 아래의 이미지와 조금 다를 수 있다는 점을 참고하세요!

```
Terminal:  Local  +
Microsoft Windows [Version 10.0.19041.388]
(c) 2020 Microsoft Corporation. All rights reserved.
                        ← 가상환경 프로젝트인 경우
(venv) D:\cloud\freepass_python>
```

터미널에서는 다양한 명령어를 통해서 작업이 가능한데 가장 많이 사용하는 도구는 **pip**입니다. 파이썬 설치 시 자동으로 함께 설치됩니다. pip 버전을 확인해 볼까요? 책에서는 실행경로(D:\cloud\freepass_python)를 생략하여 나타내도록 하겠습니다.

```
(venv) > pip --version
```

pip는 여러 외부 라이브러리나 패키지를 설치해 주는 도구인데, 최신 버전을 유지하지 않으면 필요한 모듈 설치에 문제가 발생하는 경우가 많습니다. 원하는 **패키지를 설치하기 전에 가급적 최신 버전으로 업그레이드**를 해주시는 게 좋습니다.

```
(venv) > pip install --upgrade pip
```

명령 프롬프트 창에서 입력하는 경우

파이참 내부 터미널이 아닌 명령 프롬프트 창에서 입력하는 경우에는 위와 다른 형태의 커멘드를 입력해야 합니다.

```
(venv) > python -m pip install --upgrade pip
```

2) 파이참 패키지관리 도구 사용

터미널에서 **명령어를 입력해서 원하는 작업**을 하는 형태를 문자(콘솔) 사용자 인터페이스, **CUI**(character user interface)라고 합니다. 조금 번거롭죠? 이번에는 **그래픽(아이콘, 메뉴)요소를 통해 원하는 작업**을 하는 **GUI**(graphical user interface) 형태의 패키지 관리 도구를 사용해 보겠습니다.

Ctrl+Alt+S 또는 [File]-[Settings] 메뉴를 선택한 후, 좌측 목록에서 Python Interpreter를 선택하세요. 설치된 패키지의 목록과 설치된 버전, 최신 버전 등의 정보를 한눈에 확인할 수 있습니다.

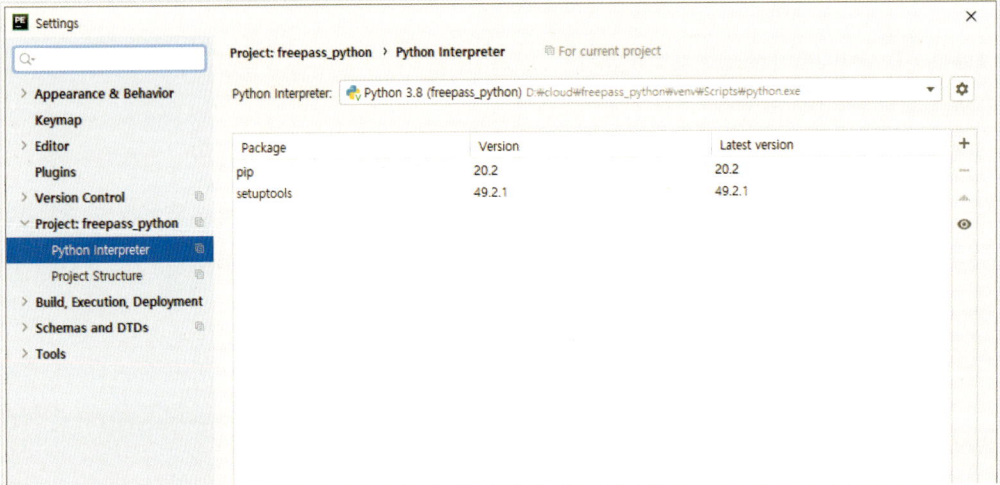

통합검색 기능 활용

Shift를 두 번 눌러서 통합 검색창을 열고, python interpreter를 검색해도 됩니다.

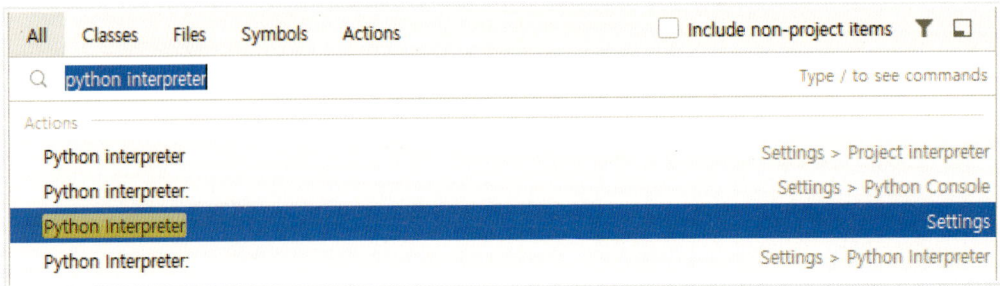

설치된 버전보다 최신 버전이 높은 경우, 버전 옆에 삼각형 아이콘(▲)이 나타납니다. 이 경우, 해당 패키지를 선택하고 우측 라인에 같은 모양의 아이콘을 누르면 업그레이드가 가능합니다.

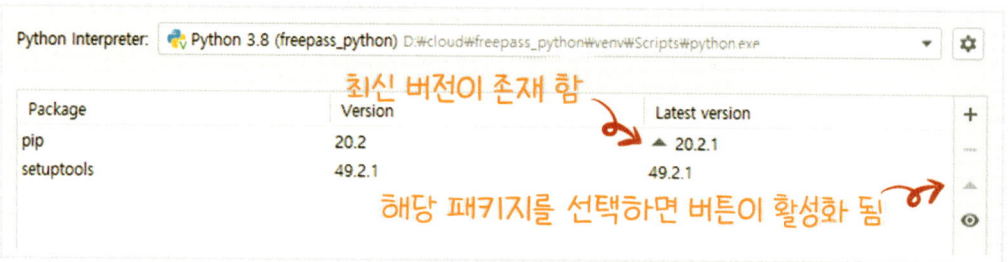

추가 패키지 설치

내장 모듈은 import를 통해 바로 사용 가능하지만, 외부 패키지는 먼저 설치가 진행되어야 합니다. 우측에 +를 눌러 패키지 검색 창으로 넘어가서 원하는 패키지를 검색하고 패키지를 설치합니다. 예제에서는 Arrow라는 패키지(내장 모듈보다 깔끔한 날짜/시간 처리 모듈)를 설치해 보겠습니다.

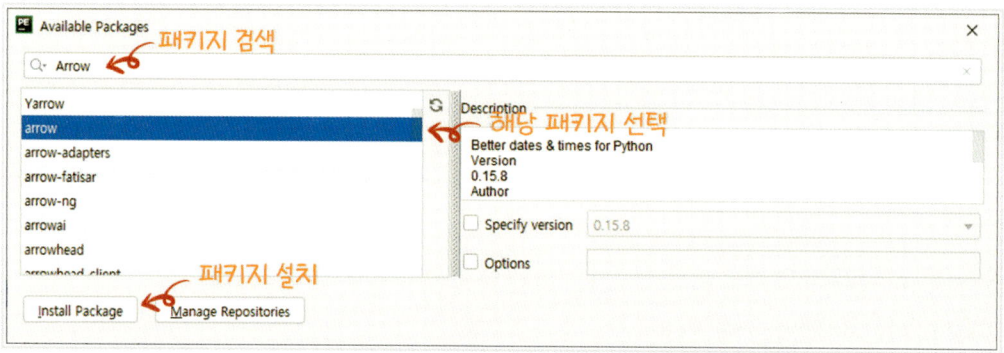

설치가 완료되면 패키지 리스트에 해당 패키지가 추가됩니다. 패키지에 따라 추가로 몇 가지 패키지가 함께 추가될 수 있으며, 설치에 실패하는 경우도 종종 있습니다. **혼자 해결이 어려울 땐 카페에서 도움**을 받으시기 바랍니다.

2 파일입출력

외부 파일에 **작업 내용을 저장(save)하고 불러(load)오는 방법**에 대해서 알아보겠습니다. 정말 다양한 파일 형식과 기능이 있지만 우선 간단한 텍스트 형식의 파일들을 위주로 실습을 해보도록 할게요.

1) 파일 열기

파일을 열었다고 해서 우리 눈에 실제로 그 파일의 내용이 보이진 않습니다. 프로그램에서 해당 파일로 가는 길을 열었다고 생각하시면 될 것 같습니다. 파일을 여는 방법은 3가지가 있습니다.

open("파일명", "모드")

모드에 'w'가 입력되면 해당 파일을 작성할 수 있는 길이 열립니다. 기존 파일이 없다면 새로 생성되고, 파일에 내용이 있었다면 비우고 새롭게 기록합니다. 아래 코드를 실행하면, 코드 파일과 같은 경로에 해당 텍스트 파일(input.txt)이 생성됩니다.

```
1  f = open("input.txt", 'w')
```
code 2_8_1

모드에 'a'가 입력되면 해당 파일에 추가 작성할 수 있는 길이 열립니다. 기존 파일의 내용을 지우지 않고, 이어서 내용을 기록합니다.

```
1  f = open("input.txt", 'a')
```
code 2_8_2

모드에 'r'이 입력되면 해당 파일을 읽을 수 있는 길이 열립니다. 이 길은 파일을 읽는 것 외에 다른 기능은 하지 못합니다.

```
1  f = open("input.txt", 'r')
```
code 2_8_3

close()

파일을 연 뒤 사용(읽기 및 쓰기)한 다음에는 **열렸던 길을 반드시 닫아**줘야 합니다.

```
1  f = open("input.txt", 'r')
2  # 입출력 코드 입력
3  f.close()
```

code 2_8_4

2) 파일 출력(쓰기)

write("문자열")

쓰기 모드(w)로 파일을 open한 상태에서, 해당 파일에 문자열 하나를 기록할 수 있습니다. 자동으로 줄 바꿈을 지원하지 않기 때문에, 줄을 바꾸기 위해선 '\n'을 문자열에 포함해야 합니다.

```
1  f = open("input.txt", 'w')
2  f.write("안녕하세요.")
3  f.write("반갑습니다.\n")
4  f.write("\\n이 없으면 줄바꿈이 되지 않습니다.\n")
5  f.close()
```

code 2_8_5

writelines(시퀀스)

쓰기 모드(w)로 파일을 open한 상태에서, 시퀀스 내 모든 문자열을 기록합니다. 문자열 사이 구분자를 제공하지 않기 때문에 필요하다면 별도의 작업이 필요합니다.

```
1  lst = ["안녕하세요.", "반갑습니다.\n", "화이팅!"]
2  f = open("input.txt", 'w')
3  f.writelines(lst)
4  f.close()
```

code 2_8_6

```
1  lst = ["안녕하세요.", "반갑습니다.",
2       "\\n이 없으면 줄바꿈이 되지 않습니다.\n"]
3  f = open("input.txt", 'w')
4  f.write("\n".join(lst))
5  f.close()
```

code 2_8_7

3) 파일 입력(읽기)

read()

읽기 모드(r)로 파일을 open한 상태에서, 파일의 모든 데이터를 읽어옵니다. 예제 코드와 같은 디렉토리에 read.txt를 만들어서 아래의 내용을 기록해두겠습니다.

```
1  orange, apple, pear, banana, kiwi, apple, banana
2  cat dog bird fish
3  10-20-30-40-50-60
```

code 2_8_8

read함수는 모든 데이터를 하나의 문자열 형태로 읽어오기 때문에, 지금까지 배웠던 기술을 이용하여 데이터를 나눈 뒤 사용해야 합니다.

```
1   f = open("read.txt", 'r')
2   load = f.read()
3   print(load)
4   print(type(load))
5
6   load = load.split("\n")   # 줄바꿈 문자 기준으로 분할
7   fruits = load[0].split(", ")
8   animals = load[1].split()   # 생략하면 빈칸 기준 분할
9   nums = load[2].split("-")
10  f.close()
```

code 2_8_9

readline()

파일의 데이터를 줄 단위로 읽어옵니다. 파일에서 읽어온 위치를 기억하고 있기 때문에, 여러 번 사용해서 순서대로 데이터를 읽어올 수 있습니다. 만약, 다시 처음부터 읽어보고 싶다면 **seek(0)**을 이용합니다.

```
1  f = open("read.txt", 'r')
2  load = f.readline()
3  print(load)
4  load = f.readline()
5  print(load)
6  f.seek(0)
7  load = f.readline()
8  print(load)
9  f.close()
```

code 2_8_10

readlines()

s가 붙게 되면, 파일의 모든 데이터를 줄 단위로 전부 읽어와서 리스트에 저장합니다. **read함수** 사용 후 **split함수**를 사용한 것과 비슷한 결과를 나타내는데, readlines는 줄바꿈 문자가 데이터에 포함되는 점이 다릅니다.

읽어온 파일에 **list함수**를 사용해서 바로 리스트화시켜도 결과는 같습니다.

```
1  f = open("read.txt", 'r')
2  # load = list(f)
3  load = f.readlines()
4  print(load)
5  f.close()
```

code 2_8_11

4) JSON(JavaScript Object Notation)

간단한 문자열 형태의 데이터를 입출력하는 것은 앞서 배운 텍스트 파일로도 충분히 가능합니다. 만약, 딕셔너리와 리스트가 혼합된 복잡한 자료구조를 텍스트 파일로 저장한다고 하면, 입력뿐 아니라 출력에도 굉장히 번거로운 작업이 필요하게 됩니다.

```
1   lecture = {
2       "강의명": "파이썬",
3       "강사명": "참깨",
4       "조교명": "지마",
5       "강의시간": {
6           "월": 9,
7           "수": 10,
8           "금": 9
9       },
10      "수강생": [
11          "이세웅",
12          "한우리",
13          "김길동"
14      ]
15  }
```

code 2_8_12

JSON은 파이썬의 자료구조와 매우 비슷한 형태로 이루어져 있기 때문에, 파이썬 데이터를 JSON으로 변환(직렬화, 인코딩)하거나, JSON을 파이썬 데이터로 변환(역직렬화, 디코딩)하기가 굉장히 편리합니다.

json모듈은 내장되어 있기 때문에, import문을 통해 간편하게 불러올 수 있습니다. 또한, 내부형식은 다르지만 같은 파일이므로 **open함수**를 이용하여 길을 열어줍니다.

```
1   import json
2   j = open("input.json", "w", encoding="UTF-8-sig")
```

code 2_8_13

dump(입력할 데이터, 입출력 객체, ensure_ascii, indent)

예제와 같이 한글로 데이터 작성을 할 때는 **open함수**의 encoding 인수(UTF-8-sig)와 **dump메소드**의 ensure_ascii 인수(False)를 별도로 지정(UTF-8-sig)해 줘야 정상적인 결과를 얻을 수 있습니다.

```
1   import json
2
3   lecture = {
4       "강의명": "python",
5       "강사명": "참깨",
6       "조교명": "지마",
7       "강의시간": {
8           "월": 9,
9           "수": 10,
10          "금": 9
11      },
12      "수강생": [
13          "이세웅",
14          "한우리",
15          "김길동"
16      ]
17  }
18
19  j = open("input.json", "w", encoding="UTF-8-sig")
20  json.dump(lecture, j, ensure_ascii=False)
21  j.close()
```
code 2_8_14

프로그램 실행 뒤에 json파일을 열어보면, 데이터가 한 줄로 기록되어 있을 겁니다. 코드에서처럼 들여쓰기 하려면 **dump메소드**의 indent인수를 지정하세요. 파이썬 코드는 구역마다 기본적으로 4칸의 들여쓰기를 합니다.

```
1   json.dump(lecture, j, ensure_ascii=False, indent=4)
```
code 2_8_15

load(입출력 객체)

json형식의 파일을 불러오면 형식에 맞게 데이터가 알아서 변환되어 저장됩니다. 아래의 변환표를 참고하시기 바랍니다.

```
1  import json
2  j = open("input.json", "r", encoding="UTF-8-sig")
3  load = json.load(j)
4  print(load)
```

code 2_8_16

파이썬에서 JSON으로		JSON에서 파이썬으로	
타입	타입	타입	타입
Dict	Object	Object	Dict
List, Tuple	Array	Array	List
Str	String	String	Str
Number	Number	Number	int, float
Logic	Logic	Logic	Logic
None	Null	Null	None

5) CSV(Comma-Separated Values)

엑셀 같은 스프레드시트(수치계산, 통계, 도표와 같은 작업을 효율적으로 할 수 있는 응용프로그램) 프로그램에 기록된 데이터는 대부분 CSV형식으로 저장이 가능하죠. 약자 그대로 쉼표로 데이터를 구분하여 텍스트 형식으로 저장하는 형식입니다.

엑셀 형식

	A	B	C	D
1	번호	이름	주소	연락처
2	1	이세웅	서울	010-1234-****
3	2	한우리	서울	010-4321-****
4	3	김길동	인천	010-2468-****
5	4	조세형	경기	010-1334-****

CSV 형식

번호,이름,주소,연락처
1,이세웅,서울,010-1234-****
2,한우리,서울,010-4321-****
3,김길동,인천,010-2468-****
4,조세형,경기,010-1334-****

reader(입출력 객체)

대량의 엑셀 데이터를 CSV형식으로 저장하여 파이썬에서 데이터핸들이 가능합니다. 위와 마찬가지로 **open함수** 및 encoding인수를 지정하고, reader메소드를 이용해서 데이터를 읽어 들입니다. 읽어 들인 데이터는 리스트로 변환하거나 for문을 이용해서 출력할 수 있습니다.

```
1  import csv
2
3  c = open("test.csv", "r", encoding="UTF-8-sig")
4  read = csv.reader(c)
5  print(list(read))
6  print(read)
7  for i in read:
8      print(i)
9  c.close()
```

code 2_8_17

writer(입출력 객체)

CSV파일을 쓰기(추가) 모드로 열고 writer객체에 할당합니다. 그 후에 **writerow메소드**를 통해 리스트 형태의 데이터를 파일에 추가합니다. 만약 기록 시에 빈 줄이 추가되는 문제가 발생한다면 **open함수**에 newline인수를 추가로 지정해 줍니다.

```
1  import csv
2
3  c = open("test.csv", "a", encoding="UTF-8-sig", newline="")
4  w = csv.writer(c)
5  w.writerow([5,"이세영","안산","010-4773-****"])
6  w.writerow([6,"지마","인천","010-2819-****"])
7  c.close()
```

code 2_8_18

3 예외처리

프로그램은 항상 원하는 대로 흘러가진 않습니다. 우리가 항상 아이디와 비밀번호를 잘못 입력하는 것처럼요. 대부분의 프로그램은 문제(예외)가 발생하면 프로그램 자체가 멈추거나 종료되어 버립니다. 이러한 **예외를 해결(처리)하는 코드를 구현**하는 것을 **예외**처리라고 합니다.

에러와 예외의 차이

괄호를 잘 못 쓰거나, 함수명에 오타가 있는 등의 문법적인 부분 때문에 실행 전에 발생하는 문제를 **문법 오류(Syntax Error)**라고 하고, 문법이나 표현식에 문제는 없지만, 의도치 않은 작동 및 입력으로 문제가 발생하는 것을 **예외**라고 합니다.

1) 기본구조

오류를 검사할 영역(try)과 예외가 발생할 경우에 처리할 코드 영역(except)을 구현합니다. except 영역은 예외가 발생하지 않으면 실행되지 않습니다.

```
1  try:
2      print(12 / 0) # 0으로 나누면 예외 발생
3  except:
4      print("오류!!")
```

code 2_8_19

예외의 종류는 굉장히 다양합니다. Exception객체를 활용하면 발생한 예외의 종류를 출력하여 확인할 수 있습니다.

```
1  try:
2      print(12 / 0)
3  except Exception as a: # 오류메시지를 변수a에 저장
4      print("오류!!", a)
```

code 2_8_20

예외가 발생하지 않을 때만 실행되는 구역(else)이나, 예외 발생 여부와 상관없이 실행되는 구역(finally)을 설정할 수도 있습니다.

```
1  a = int(input("첫 번째 수: "))
2  b = int(input("두 번째 수: "))
3  try:
4      c = a / b
5  except Exception as e:
6      print("오류!!", e)
7  else: # 예외가 발생하지 않은 경우
8      print("결과는", c, "입니다")
9  finally: # 모든 경우에 실행
10     print("프로그램을 종료합니다")
```

code 2_8_21

2) 예외의 종류

예외 종류에 따라 별도의 처리를 진행할 수도 있고,

```
1  ...
2  except ValueError:  # 잘못된 타입의 값 적용
3      print("문자열은 나눌 수 없습니다")
4  except ZeroDivisionError:  # 0으로 나눔
5      print("0으로 나눌 수 없습니다")
6  except:  # 그 외 모든 오류
7      print("확인되지 않은 오류입니다")
8  ...
```

code 2_8_22

예외 종류를 묶어서 처리할 수도 있습니다.

```
1  ...
2  except (ValueError, ZeroDivisionError):
3      print("문자열과 0은 나눌 수 없습니다")
```

code 2_8_23

MEMO

유튜버 주간컴공 지마&참깨의 프리패스 파이썬

발행일	2021년 01월 04일	**발행인**	최진만	**발행처**	주식회사 고시고시
편저자	지마, 참깨	**편집·표지디자인**	홍현애		
주 소	서울시 강북구 덕릉로 146(번동) 진휘빌딩 2층				
전 화	1644-9193	**팩 스**	02-987-2102		

※ 낙장이나 파본은 교환해 드립니다.
※ 이 책의 무단 전제 또는 복제행위는 저작권법 제136조에 의거하여 처벌을 받게 됩니다.

정 가	18,000원	**ISBN**	979-11-6009-124-3